Ralf Keuper

Bankstil

Ralf Keuper

Bankstil

Über den Stilwandel im Banking und in der Bank-IT

Bloggingbooks

Impressum / Imprint
Bibliografische Information der Deutschen Nationalbibliothek: Die Deutsche Nationalbibliothek verzeichnet diese Publikation in der Deutschen Nationalbibliografie; detaillierte bibliografische Daten sind im Internet über http://dnb.d-nb.de abrufbar.

Bibliographic information published by the Deutsche Nationalbibliothek: The Deutsche Nationalbibliothek lists this publication in the Deutsche Nationalbibliografie; detailed bibliographic data are available in the Internet at http://dnb.d-nb.de.

Coverbild / Cover image: www.ingimage.com

Verlag / Publisher:
Bloggingbooks
ist ein Imprint der / is a trademark of
OmniScriptum GmbH & Co. KG
Heinrich-Böcking-Str. 6-8, 66121 Saarbrücken, Deutschland / Germany
Email: info@bloggingbooks.de

Herstellung: siehe letzte Seite /
Printed at: see last page
ISBN: 978-3-8417-7337-1

Vorwort

Der Stilwandel im Banking lässt sich an mehreren Entwicklungen der letzten Jahre festmachen, die ihren Ursprung nicht nur, wenngleich in hohem Maß, in der Technologie haben. Durch die Möglichkeiten des Internet sind die Kunden den Banken gegenüber anspruchsvoller, kritischer geworden. Versuche seitens der Banken, die alten Erlösstrukturen zu konservieren, sind zum Scheitern verurteilt.
Zwar haben die großen Banken inzwischen den Status der Systemrelevanz, jedoch gewinnen die Interessengruppen (Stakeholder) wachsenden Einfluss auf den Geschäftserfolg einer Bank. Ohne die ausreichende gesellschaftliche Akzeptanz, das mahnten bereits Jürgen Ponto und Alfred Herrhausen vor einigen Jahrzehnten, kann eine Bank auf Dauer nicht existieren. Der Vertrauensschwund der Banken als Folge der Finanzkrise hat dieser Entwicklung weiteren Schub verliehen.

Aber nicht nur aus den Reihen der Kunden kündigt sich ein Stilwandel im Banking an. Auch neue, branchenfremde Anbieter wie die großen Internetkonzerne Google, Amazon und Alibaba dringen in das Stammgeschäfts der Banken ein. Bisher konzentrieren sich die Aktivitäten noch auf den Zahlungsverkehr und Tätigkeiten, für die keine Vollbanklizenz benötigt wird. Jedoch mehren sich unter den führenden Bankvertretern die Stimmen, die wie Francesco Gonzales von der BBVA, eindringlich davor warnen, dass Google, Amazon & Co. ihre Aktionsradius deutlich ausweiten und in das Kerngeschäft der Banken vordringen. Es ist keinesfalls reine Spekulation, die Banken in Zukunft auf die Rolle des Dienstleisters für die großen Internetkonzerne reduziert zu sehen. Schon jetzt ist die Entwicklung, wie sie häufig auch als Disintermediation, d.h. die Ablösung der Banken aus ihrer Stellung als Vermittler zwischen den Teilnehmern am Finanzmarkt, beschrieben wird, kaum noch aufzuhalten. Die Banken werden ihr Monopol als Finanzintermediär verlieren, zumindest aber mit andren Akteuren teilen.

Neben den großen Internetkonzernen, Telekommunikationsunternehmen und Kreditkartenfirmen sorgen die zahllosen FinTech Startups für weiteren Veränderungsdruck. Fast täglich berichten die Medien von neuen Acceleratoren und Inkubaroren, die sich auf die Entwicklung neuer Unternehmen aus dem Bereich der Finanztechnologie spezialisiert haben. In Berlin, Hamburg, Frankfurt und München haben sich Startup-Ökosysteme gebildet. Epizentrum, auch für den Bereich FinTech Startups, in Deutschland ist Berlin, das auf Investoren und Talente aus dem Ausland eine große Anziehungskraft ausübt.

Als Reaktion auf die vielfältigen Bedrohungen bleibt den Banken nur der Weg nach vorne. Als Hemmschuh erweist sich dabei immer wieder die Komplexität der Altsysteme, die einen Wechsel auf modernere Systemlandschaften, die den Anforderungen der digitalen Ökonomie besser entsprechen, erschweren. Hinzu kommt, dass die Erfüllung der regulatorischen Anforderungen bei vielen Banken kaum noch Raum für Innovationen lassen. Die IT-Budgets werden zu fast 90 Prozent von Wartung und der Umsetzung der regulatorischen Vorgaben beansprucht.

Neue Geschäftsmodelle, Geschäftsmodellinnovationen werden dringend gebraucht, damit die Banken den Anschluss an die Entwicklung im Banking nicht verlieren. Immer wieder taucht dabei die Frage nach der Zukunft der Filialen auf. Lohnt sich der Aufwand noch? So sehr die Digitalisierung das Gesicht des Banking wandeln wird und die Rolle der Filiale verändern, wäre es doch übertrieben, die Filiale als Vertriebs- und Kommunikationskanal aufzugeben. Benötigt werden jedoch neue Konzepte, nicht nur technologischer Art.

Die Anzeichen dafür, dass die Bankenbranche sich auf mehrere *Strategische Wendepunkte* (Andy Grove) zubewegt, mehren sich – sie sind evident. Die Banken müssen das Kunststück vollbringen, ihr Schiff bei voller Fahrt und auf hoher See umzubauen, während viele Herausforderer die Zeit im Trockendock abwarten können. Plötzlich aufkommende Stürme, Unwetter und andere externe Ereignisse können ihren Teil dazu beitragen, dass die Banken an die Grenze der Manövrierfähigkeit gelangen.

Abzuwarten bleibt die Entwicklung im Bereich der Digitalen Währungen. In ihrer jetzigen Form werden die digitalen Währungen die hohen Erwartungen nicht erfüllen können.

Eine der entscheidenden Fragen der nächsten Jahre, Jahrzehnte wird sein, ob wir einen Einheitsstil im Banking bekommen werden, oder ob es auch weiterhin viele Stilarten geben wird. Letzteres Szenario erscheint nicht nur wünschenswerter; es ist auch plausibler. Solange sich der technologische Fortschritt unter den Bedingungen einer Offenen, pluralistischen Gesellschaft vollzieht, wird auch das Banking bunt bleiben. Es wird mehrere Bankstile geben. Banken haben sich bis jetzt als ausgesprochen langlebig erwiesen.

Das Bankgeschäft wird auch künftig, allen technischen und sozialen Innovationen zum Trotz, seinem Wesen nach konservativ bleiben. Bis auf weiteres benötigt die Wirtschaft *Risikohändler* (Niklas Luhmann), die ihr Geschäft verstehen.

Daraus folgt keinesfalls, dass das Bankgeschäft nicht moderner wird.

Paderborn, im Mai 2014

Bankstil – Stilarten im Banking und in der Bank-IT

Was ist ein Bankstil? Grundlegung eines neuen Begriffs

Als ich für meinen Blog den Namen Bankstil wählte, geschah dies zunächst mehr intuitiv. Die Ähnlichkeit mit anderen Stilen, wie dem Lebensstil, Kunststil, Führungsstil, Baustil, Jugendstil etc. war mir dabei zwar bewusst, nur war der direkte Bezug für mich nicht greifbar. Am nächsten erschien mir noch der Begriff *Denkstil* von Ludwik Fleck.

Das änderte sich, als ich eher zufällig auf den von dem Ökonomen Arthur Spiethoff eingeführten Wirtschaftsstil aufmerksam wurde.

Für Spiethoff ist jede Epoche durch einen bestimmten Wirtschaftsstil gekennzeichnet. Dieser setzt sich zusammen aus den (Stil-)Elementen[1]:

- Wirtschaftsgeist
- Natürliche und technische Grundlagen
- Gesellschaftsverfassung
- Wirtschaftsverfassung
- Wirtschaftslauf

Der eine Epoche prägende Wirtschaftsstil repräsentiert eine unverwechselbare Konstellation dieser Elemente.

Damit ist der Bezug zum Bankwesen bzw. Banking gegeben:

Der Bankstil einer Epoche ist in ' nlehnung an den Wirtschaftsstil ' usdruck einer bestimmten Konstellation verschiedener (allgemeiner und bankspezifischer) Elemente.

Wirtschaftsgeist / Zeitgeist

Im Zuge der Finanzkrise war häufig von der Gier der verschiedenen Akteure die Rede. Ein bekannter Unterhaltungselektronik-Händler warb mit dem Spruch "Geiz ist geil".
Inzwischen hat sich das Bild gewandelt. Die Rede ist nun von einer stärkeren Gemeinwohlorientierung der Banken und einer Einbindung der verschiedenen Interessengruppen (Stakeholder) in die Unternehmenspolitik. Anhänger des Social Banking bzw. des Ethischen Banking sprechen von einem Wertewandel, in dem

[1] Seminararbeit „Arthur Spiethoff“ von Peter Metzler an der Goethe-Uni Frankfurt

materielle Güter an Bedeutung für die Lebensgestaltung verlieren. In dem Zusammenhang ist auch das Modell der Postwachstumsgesellschaft von Interesse.
Die wachsende Verbreitung neuer Technologien, insbesondere des Internet, hat die Kunden anspruchsvoller und kritischer werden lassen. Mittels Smartphones und Tablet-PCs übernehmen die Kunden in vielen Bereichen der Wirtschaft zunehmend die Regie. Insgesamt sind die Kunden technischen Neuerungen gegenüber aufgeschlossen; häufig setzen sie die Unternehmen sogar unter Druck, wenn diese nicht schnell genug auf die technologischen Neuerungen reagieren.

Natürliche und technische Grundlagen (Soziale und technische Innovationen)

Dazu fallen mir die Schlagworte "demografischer Wandel", Crowdsourcing/Open Innovation und digitale Revolution ein. Allerdings ist die Bezeichnung als materielle Faktoren so nicht mehr haltbar, da die immateriellen Faktoren bzw. die sog. Intangibles für den wirtschaftlichen Erfolg mindestens ebenso wichtig sind.

Wie reagieren die Banken auf die veränderte Altersstruktur in der Gesellschaft und in ihrem eigenen Haus? Wie gehen Banken mit der Einbindung der Kunden und anderer externer Partner in die Wertschöpfungsprozesse um? Welche immateriellen Faktoren sind für den Erfolg einer Bank oder eines Finanzinstituts entscheidend? Wie wichtig sind die materiellen Faktoren? Welche Faktoren unterliegen überhaupt der Kontrolle einer Bank, eines Finanzinstituts?

Neue Technologien (z.B. Wearables, Supercomputer, Assistenzsysteme) kommen früher oder später im Banking an und verlangen nach Antworten. Hierzu zählen auch die Themen Mobile Payments, Mobile Wallets und digitale Währungen wie Bitcoin.
Neben technologischen sind es soziale Innovationen, die einen nicht unterschätzenden Einfluss auf das Banking haben.

Gesellschaftsverfassung

Hier könnte man die Diskussion um die Einwanderung und die Rolle der Familie erwähnen ebenso wie die veränderten Berufsbiografien. Ein Thema auch und gerade für das Banking.

Wie passt sich das Angebot der Banken diesen Veränderungen an? Technologisch, organisatorisch, kulturell?

Wirtschaftsverfassung

Das Eigentum ist für unsere derzeitige Wirtschaftsverfassung nach wie vor prägend. Jedoch geht der Trend verstärkt in Richtung dessen, was Michael E. Porter als den *Shared Value* bezeichnet. Andere wie Jeremiah Owyang gehen noch weiter und sprechen von einer neuen Kultur des Teilens - die sog. *Sharing bzw. Collaborating Economy.*

Unternehmen wie Banken agieren häufig auf globaler Ebene. Die Nationalstaaten sind dagegen in ihrem Aktionsradius beschränkt. Der regionale Bezug der Wirtschaft geht dadurch verloren.

Für die Banken bietet sich hier die Chance, auf das "regionale Bedürfnis" der Kunden mit entsprechenden Angeboten zu reagieren. Das bedeutet jedoch nicht zwangsläufig, dass die Regionalbanken davon profitieren werden.

Zur Wirtschaftsverfassung zähle ich auch das Thema Regulierung (z.B. Basel III) wie überhaupt die Governance. Gleiches gilt für das Geld-und Währungssystem

Wirtschaftslauf

Ein Thema, das uns derzeit besonders beschäftigt, da die Finanzkrise noch immer nicht überwunden ist und die (Welt-)Wirtschaft sich schwer tut, Schritt zu fassen. Krisen waren häufig der entscheidende Auslöser für neue Formen des Wirtschaftens. Als Folge der Finanzkrise haben die Banken deutlich an Reputation verloren. Das wiederum eröffnet neuen Spielern ein weites Feld von Möglichkeiten. Die neuen Technologien haben hierbei die Rolle eines Beschleunigers des Wandels übernommen.
Künftige Krisen werden die Dynamik des Wandels noch verstärken.

Diese eher allgemeinen Elemente werden nun um bankspezifische ergänzt:

Disintermediation im Banking (Bankless Banking)

Das Monopol der Banken als Finanzintermediäre ist ins Wanken geraten. Neue Anbieter, sog. Non-Banks, treiben die Disintermediation im Banking voran. Das Szenario des Bankless Banking nimmt immer konkretere Formen an.

Geschäftsmodellinnovation im Banking

Mindestens ebenso wichtig wie technologische Innovationen sind Geschäftsmodellinnovationen. Hierzu zählen im weiteren Sinn auch Strategische und Systeminnovationen. Haupttreiber sind hier derzeit die diversen FinTech-Startups. In dem Zusammenhang halte ich auch das *Zürcher Modell der kundenzentrierten Bankarchitektur* von Axel Liebetrau u.a. für vielversprechend. Ebenso zählt hierzu die Vision des *Knowledge Banking,* wie es vom derzeitigen Chef der BBVA, Francisco González, propagiert wird.

Neue Organisationsformen im Banking

Die Digitalisierung in der Wirtschaft erfordert neue Organisationsformen - auch im Banking. In dem Zusammenhang gewinnt die Netzwerkorganisation an Bedeutung.

Die Bank als digitale Plattform könnte die vorherrschende Organisationsform werden.

Risikotransformation

Nicht nur für den Soziologen Niklas Luhmann besteht die Hauptaufgabe der Banken im Wirtschaftskreislauf in der Risikotransformation, d.h. die Umwandlung von Risiken in Risiken anderen Zuschnitts. Je nachdem, wie gut die Banken dieser Aufgabe nachkommen, verhält sich ihre Reputation, das Vertrauen der Wirtschaft in ihre Rolle als Risikoverarbeiter. Kommen die Banken dieser Aufgabe nicht mehr oder in nicht mehr ausreichendem Umfang nach, treten andere Institutionen oder Anbieter an ihre Stelle.
Zu dieser Kategorie zählen inzwischen auch die Technologierisiken, die zusammen mit den "eigentlichen" Risiken der Banken das Potenzial haben, das Gesicht der Branche für immer zu verändern.

Protagonisten

Aus einem Vortrag des Kulturwissenschaftlers Hans-Ulrich Gumbrecht über die verschiedenen Stile im südamerikanischen Fussball habe ich u.a. die Bedeutung von Protagonisten bzw. Stars mitgenommen. Für das klassische Banking der letzten Jahrzehnte stehen für mich Personen wie Alfred Herrhausen, Jürgen Ponto, Friedrich-Willhelm Christians, Hermann-Josef Abs und Siegmund Warburg. Neben der Gruppe der Investmentbanker wird die Bankszene zunehmend auch von Vertretern des New Banking repräsentiert wie Brett King und Chris Skinner.

Zwischenfazit

Als Arbeitshypothese bzw. Heuristik halte ich den Bankstil für geeignet, um die Veränderungen im Bankensektor einordnen und bewerten zu können. Sein Vorteil liegt m.E. darin, dass er einer Blickverengung auf bestimmte Aspekte, wie z.B. auf die Technologie, vorbeugt.

Fragen, die bei der Anwendung aufkommen sind u.a.: Existiert immer nur ein Bankstil oder gibt es vielleicht mehrere? Woran lässt sich ein Stilwandel erkennen? Oder anders: Wann haben wir es im Banking mit Strategischen Wendepunkten (Andy Grove) zu tun? Wo beginnt, wo endet eine Epoche? Wann kommt es zu einem Stilbruch?

Die allgemeinen stilprägenden Elemente bieten nur wenig direkte Einflussmöglichkeiten für die Banken und neue Anbieter. Anders verhält es sich naturgemäß mit den bankspezifischen. Hier zeigen Maßnahmen eine schnellere Wirkung. Allerdings können Ereignisse auf der allgemeinen Ebene, wie z.B. Wirtschafts- und Vertrauenskrisen, zu einem erheblichen Anpassungsdruck im Banking führen. Andererseits können aber auch Entwicklungen im Banking auf die allgemeinen Elemente des Wirtschaftsstils zurückwirken. Die Beziehung ist also keineswegs eindimensional, sondern wechselseitig.

Der Bankstil verändert sich im Lauf der Zeit durch Verschiebungen in der Konstellation seiner Elemente. Die Elemente wiederum unterscheiden sich in ihrem Wirkungsgrad d.h. sie sind nicht zu jeder Zeit gleichwertig. Momentan, so jedenfalls mein Eindruck, hat die Technologie (technologische Grundlagen) das größte Gewicht, was nicht gleichbedeutend damit ist, dass sie alle anderen dominiert.

Obwohl sie z.T. antiquiert wirken, übernehme ich zunächst die von Spiethoff eingeführten Elemente. Sobald sich passendere finden, werden sie die alten ersetzen oder ergänzen. Anregungen lassen dabei vor allem Bertram Schefolds Arbeiten und Forschungen zum Wirtschaftsstil entnehmen[2].

Stilarten im Fussball und im Banking - Eine Annäherung

Vor einiger Zeit hatte ich Gelegenheit, einem Vortrag[3] des Kulturwissenschaftlers Hans Ulrich Gumbrecht über die Nationalen Stilarten im Fussball beizuwohnen.
Dabei kam mir der Gedanke, ob nicht einige der Aussagen über die Stilarten im Fußball, wenngleich in abgewandelter Form, auch für das Banking zutreffen.
Gumbrecht konzentrierte sich in seinem Vortrag auf den südamerikanischen Fußball. Unterschiede im Stil lassen sich zwar anhand historischer und kultureller Entwicklungen im jeweiligen Land veranschaulichen, ein direkter, kausaler Zusammenhang ist jedoch schwer nachzuweisen. Hinzu kommen müssen weitere (Stil-) Elemente, wie Protagonisten, d.h. Identifikationsfiguren, die den Stil repräsentieren. Im Fußball wären das Spielerpersönlichkeiten wie Pele, Gradin, Kempes, Cruyff, Beckenbauer und Maradona.

Im Banking sind die neuen Protagonisten der jüngeren Vergangenheit neben der Gruppe der Investmentbanker und den Vertretern eines Nachhaltigen Banking, wie die GLS Bank oder die Sparda Bank München, auch Personen wie Brett King, die für einen Stilwandel im Banking stehen. Während der zweiten Hälfte des 20. Jahrhunderts haben Bankiers wie Jürgen Ponto, Alfred Herrhausen, Hermann-Josef Abs, Siegmund Warburg und Friedrich-Wilhelm Christians den Stil im deutschen Bankwesen maßgeblich geprägt. Zu der Zeit bestanden noch deutliche Unterschiede im Stil zwischen dem angelsächsischen und dem kontinentaleuropäischen Banking. Die "Deutschland AG" war ein gängiger Begriff.
Nach wie vor ist das deutsche Bankwesen mit seinen drei Säulen (Privat-/ Geschäftsbanken, Sparkassen, Genossenschaftsbanken) in dieser Form einzigartig in Europa und der Welt. Jede Säule steht wiederum für einen bestimmten Bankstil. Sparkassen agieren anders als Großbanken, diese wiederum anders als Genossenschaftsbanken, die sich ihrerseits von den Privatbanken unterscheiden.

---

[2] Bertram Schefold: Wirtschaftsstile, Band 1: Studien zum Verhältnis von Ökonomie und Kultur, 1994

[3] Nationale Stilarten im Fussball - Reflexionen zur Ästhetik des Sports am Beispiel Südamerika, gehalten am 17.02.2014 in der IHK zu Dortmund auf Einladung der Gesellschaft für Westfälische Wirtschaftsgesichte

Spezial- und Absatzfinanzierer haben ebenfalls ihren eigenen Stil. Neue Anbieter wie die diversen FinTech Startups sorgen aber auch bei uns dafür, dass die Bankwelt sich wandelt bzw. sich dem Bankwesen anderer Länder annähert.

Die Frage der Ästhetik während der Betrachtung eines Fussballspiels, einer Aufführung, lässt sich dagegen nicht ohne weiteres auf das Banking übertragen. Kaum jemand wird eine Bankfiliale wegen der Aufführung bzw. der Spielzüge der Mitarbeiter betreten. Eher schon trifft dies auf benutzerfreundliche gestaltete Apps zu. Ob die Gamification hier neue Akzente setzen kann, bleibt abzuwarten.

Inwieweit die Globalisierung zu einer Angleichung der Bankstile führt, ist noch nicht abzusehen. Vieles spricht derzeit dafür, dass wir hier zunächst eine weitere Annäherung erleben werden, was nicht heisst, dass sie auf Dauer völlig identisch und austauschbar werden. Eher werden wir erleben, dass die verschiedenen Bankstile versuchen werden, sich voneinander abzuheben, z.B. durch eine einzigartige Kombination der Stilelemente (Filialen, Bank als digitale Plattform, Crowdsourcing/Open Innovation, Mobile Payments/Mobile Wallet, Geschäftsmodellinnovationen, Offensive oder defensive Risikopolitik).
Dem Trainer und der Mannschaft fallen die Aufgabe zu, den Stil glaubhaft nach außen zu vertreten und zu praktizieren, um die Aufmerksamkeit und das Engagement der Zuschauer (Kunden) zu fesseln

Stilarten im Banking und in der Landwirtschaft – Eine Annäherung

Dass das Banking von der Landwirtschaft etwas lernen kann, dürfte auf viele zunächst exotisch wirken. Dabei geht es um weit mehr, als nur um das Modethema "Nachhaltigkeit". Auch in der z.T. hoch subventionierten Landwirtschaft gibt die ökonomische Rationalität im betrieblichen Alltag den Ton an, wie Karin Jürgens in ihrem lesenswerten Beitrag *Wirtschaftsstile in der Landwirtschaft*[4] hervorhebt, die sie als Landwirtschaftsstile zusammenfasst.

Am Beispiel der Milchviehbetriebe konnte Jürgens ab Mitte der 2000er Jahre drei Stilarten in der Landwirtschaft identifizieren:

1. Vielseitig bleiben und im Plus wirtschaften
2. Spezialisierung und neue Vielseitigkeit
3. Spezialisierung und Vergrößerung durch gemeinsames Wachstum

Während Vertreter des ersten Stils darauf bedacht sind, ihre Eigenständigkeit zu erhalten und Wachstum nur aus eigenen Mittel zu finanzieren und schlüsselfertigen Projekten zur Modernisierung distanziert bis ablehnend gegenüberstehen, sind die Vertreter des zweiten Stils schon mehr auf Wachstum durch Spezialisierung programmiert, ohne jedoch die Eigenständigkeit aufs Spiel zu setzen, während die Vertreter des dritten Stils ganz auf Wachstum ausgelegt sind und dabei regen Gebrauch von Kooperationen und externen Zulieferern machen.

---

[4] Wirtschaftsstile in der Landwirtschaft, Bundeszentrale für politische Bildung vom 25.1.2010

Übergeordnetes Prinzip aller drei Stilarten ist die Erhaltung des "Manövrierraums", d.h. der Handlungsfreiheit. Abhängigkeiten von großen Herstellern, Konzernen und bestimmten Technologien sollen nach Möglichkeit vermieden werden.

Jeder Stil birgt eigene Chancen und Risiken. Weite Teile der Wertschöpfung im eigenen Betrieb (Stil 1) zu behalten macht gegenüber externen Ereignissen und Krisen relativ resistent, begrenzt jedoch die Expansionsmöglichkeiten, während die Verlagerung weiter Teile der Wertschöpfung nach Außen (Stil 3) die Anfälligkeit für externe Schocks deutlich erhöht.

In der Finanzkrise hat sich herausgestellt, dass inhabergeführte Privatbanken und Regionalbanken vergleichsweise unbeschadet den Sturm überstanden haben (Stil 1), wohingegen hoch spezialisierte und auf Wachstum ausgelegte Institute, wie einige Investmentbanken, in Schieflage gerieten. Zu den Vertretern der zweiten Stilart könnte man, mit einigen Abstrichen, einige Landesbanken, wie die ehemalige WestLB zählen.

Inzwischen ist der Bankenmarkt, bedingt durch zunehmende Digitalisierung, dabei sich zu wandeln. Neue, branchenfremde Anbieter drängen in den Markt. Der Druck auf die Banken, digitale Geschäftsmodelle zu entwickeln wächst. Die Frage der Wertschöpfung spielt im Zeitalter von Crowdsourcing, Open Innovation etc. eine entscheidende Rolle. Immer häufiger ist von Ökosystemen zu hören, wodurch der Bezug zur Landwirtschaft erneut gegeben ist.

Führt die Digitalisierung dazu, dass Monokulturen im Banking zunehmen und auf lange Sicht nur noch große (Bank-) Fabriken eine Chance haben, im globalen Wettbewerb zu bestehen? Ist für kleinere und mittlere Institute der Aufbau eines eigenen Ökosystems der einzige Ausweg?

Kurzum: Wieviel Diversität braucht das Bankensystem eines Landes oder gar der Welt? Sofern man bei dem Bild bleibt, besteht die eigentliche Gefahr einer Angleichung der Stilarten im Banking in einem Systemrisiko. Wenn alle - im Prinzip - ihr Geschäft auf dieselbe Weise abwickeln, dann wächst die Wahrscheinlichkeit, dass das Ökosystem kollabiert, sobald ein externes Ereignis, eine Krise das Gleichgewicht zerstört. So gesehen liegt es im Interesse der Branche, die Mannigfaltigkeit zu erhalten. Die diversen FinTech Startups ebenso wie das sog. Ethische Banking können daher auch als ein Zeichen dafür gewertet werden, wie groß der Bedarf an Vielseitigkeit im Banking nach wie vor ist.

Stilarten im Banking und im Einzelhandel – Eine Annäherung

Die Entwicklung im Einzelhandel und im Bankwesen verlief in den letzten Jahrzehnten an vielen Stellen nahezu identisch. Aufschlussreich in dem Zusammenhang ist das Buch *Revolutionen im Einzelhandel. Die Einführung der Selbstbedienung in Lebensmittelgeschäften in der Bundesrepublik Deutschland (1949-1973)*. In ihrer Rezension[5] hebt Katja Girschik die verschiedenen Initiativen hervor, die während der 50er und 60er Jahre des vergangenen Jahrhunderts in

[5] Katja Girschik: Rezension zu: Langer, Lydia: Revolution im Einzelhandel. Die Einführung der Selbstbedienung in Lebensmittelgeschäften der Bundesrepublik Deutschland (1949–1973). Köln 2013, in: H-Soz-u-Kult, 27.02.2014

Deutschland vor sich gingen. So begaben sich während dieser Zeit Einzelhändler, Wirtschaftsvertreter, Fachleute aus der Verpackungsindustrie, Werber, Hersteller von Konsumgütern und Ladeneinrichtungen ebenso wie Politiker und Wissenschaftler auf Entdeckungsreise in die USA. Dort war die Selbstbedienung im Einzelhandel schon relativ weit fortgeschritten. Jedoch hüteten sich die deutschen Einzelhändler, das US-amerikanische Modell des self service einfach nur zu kopieren, sondern waren bestrebt, es an die lokalen Gegebenheiten anzupassen. Gegen Ende der 1960er Jahre hatte das Vorbild USA ausgedient und der Einzelhandel begann, den Austausch auf europäischer Ebene zu forcieren. Wie schwierig es ist, das Erfolgsmodell aus seinem Heimatmarkt auf einen anderen zu übertragen, musste vor eingien Jahren der größte Einzelhändler der Welt, Wal Mart, bei seinem Ausflug nach Deutschland machen.

Im Banking ist das Thema Selbstbedienung eng mit dem Aufkommen der ersten Geldautomaten verbunden, wie sie die Chemical Bank in New York Ende der 1960er und Anfang der 1970er Jahre flächendeckend einführte. Nicht wenige Beobachter sehen darin im Rückblick einen "Sündenfall", da sich der Kontakt mit den Kunden seither immer weiter gelockert hat. Allzu oft hat man die Kunden im Maschinenpark sich selbst überlassen.

Im Einzelhandel geht die Entwicklung derzeit immer mehr in Richtung Mobile Payments bzw. kontaktloses Bezahlen, wenngleich die Aktionen noch zaghaft und unkoordiniert sind. Einzelhändler wie Rewe bieten den Kunden schon seit einiger Zeit die Möglichkeit, an der Kasse Geld von ihrem Konto abzuheben. In den USA geht Wal Mart mit Bluebird einen Schritt weiter und in Großbritannien sorgt Tesco mit seinen Banking-Dienstleistungen immer wieder für Aufsehen. Sollten sich Mobile Wallets durchsetzen, befinden sich die großen Einzelhändler in einer sehr guten Ausgangsposition.

Im Textileinzelhandel hat sich C&A nach einer schwierigen Phase wieder gefangen und tritt selbstbewusst gegen die Herausforderer Zara und H&M an, wie Bettina Weiguny in ihrem Buch *Die geheimnisvollen Herren von C&' - Der ' ufstieg der Brenninkmeyers*[6] berichtet. Nach teuren Experimenten kehrte C&A zu dem Slogan "Fashion is global, but business is local" zurück. Mit einem neuen Shop-Konzept (mehr Licht, größere Schaufenster, mehr Holz, mehr Regale und moderne Plexiglasboxen) und einer starken Ausdünnung bei den Eigenmarken schaffte C&A den Wandel. Seitdem gibt es bei C&A, ebenso wie bei Zara und H&M, eine europäische Kollektion, aus der die Einkäufer der jeweiligen Länder auswählen können, was und wieviel sie abnehmen und was nicht.

Überhaupt hat sich im Textileinzelhandel das Shop-in-Shop-Konzept weit verbreitet, was jedoch dazu führt, dass sich die Angebote angleichen. Überall die gleichen Hilfiger-, Gant- , Barbour-Shops. Im Media-Markt treten immer mehr Promoter der Hersteller an die Stelle des eigenen Verkaufspersonals.

Im Finanzwesen hat, wenn man so will, dieses Konzept Lloyds of London als erster eingeführt und betreibt es bis heute mit großem Erfolg.

Im Banking könnten beispielsweise digitale Plattformen oder Marktplätze den Shop-In-Shop-Gedanken aufgreifen. Vor allem im Retail-Banking bietet sich der Ansatz an.

---

[6] Bettina Weiguny: Die geheimnisvollen Herren von C&A. Der Aufstieg der Brenninkmeyers (2005)

Im Firmenkundengeschäft und im Private Banking (Credit Suisse mit eamXchange) könnten sich ähnliche Modelle durchsetzen. Insofern bewegen sich die Stilarten im Einzelhandel und im Banking aufeinander zu bzw. verlaufen parallel.
Mit großem Interesse verfolgen einige Vertreter der Bankenbranche und des Einzelhandels den Versuch von Apple, seine Stores mit neuem Flair zu versehen. Hierfür hat Apple Angela Ahrendts von Barbour an Bord geholt[7].

Stilarten im Banking und in der Gastronomie – Eine Annäherung

Ähnlich wie im Einzelhandel und im Bankwesen setzte sich nach dem zweiten Weltkrieg die Selbstbedienung auch in der Gastronomie durch.

Lange Zeit galt es als unrealistisch, die Prinzipien der Massen- bzw. Fließbandfertigung, wie sie aus der Automobilproduktion bekannt waren, auf die Gastronomie zu übertragen, bis zu dem Zeitpunkt, als Ray Kroc mit McDonald's den Gegenbeweis lieferte. Das rief nicht nur Begeisterung hervor und der von George Ritzer geprägte Begriff der McDonaldisierung[8] macht seitdem die Runde.

Das Beispiel von McDonalds fand in der Gastronomie bis heute viele Nachahmer, wie im Fall von Subways. Häufig wird in dem Zusammenhang auch von der Systemgastronomie gesprochen. Im Banking entsprechen die großen Finanzkonzerne, vor allem aus dem Retail-Banking, diesem Modell.

Inhabergeführte Restaurants haben im Vergleich dazu den "Nachteil", dass ihr Geschäftsmodell nicht in dieser Form skalierbar ist. Häufig ist der Eigentümer auch der Chef-Koch, zumindest aber ist er oder sie fast ständig anwesend, um "den Laden in Schwung zu halten". Schon alleine aus diesem Grund sind einer Expansion enge Grenzen gesetzt - auch bei Spitzenköchen. Hier bietet sich der Vergleich zu den inhabergeführten Privatbanken und - mit Abstrichen - zu den Regionalbanken an.

Mittels Convenience hat das Baukastenprinzip auch in der Gastronomie, und zwar über nahezu alle Sparten hinweg, Einzug gehalten. Parallel dazu stoßen Fertiggerichte im Lebensmitteleinzelhandel auf rege Nachfrage. Im Banking sind sog. White-Labeling-Lösungen inzwischen weit verbreitet.

Mit großer Aufmerksamkeit verfolgen Marktbeobachter, nicht nur aus der Gastronomie, sondern verstärkt auch aus dem Bereich Banking, die Aktivitäten der Kaffeehauskette Starbucks. Einige Beobachter glauben, dass Starbucks den Markt für Mobile Payments revolutionieren könnte.

Der Erfolg großer Gastronomieketten hängt in hohem Maß von den Essgewohnheiten, dem Gesundheitsverhalten und schlussendlich auch von dem "Zeitgeist" ab. Weitere Einflussfaktoren sind, ähnlich wie beim Banking, gesetzliche und regulatorische Bestimmungen. Immer wieder wird die Branche von Lebensmittelskandalen erschüttert. Trotzdem ist die Transparenz bei den

---

[7] Kathy Gordon: Apple Taps Fashion CEO as Retail Magic Fades, The Wall Street Journal vom 15.10.2013

[8] George Ritzer: Die McDonaldisierung der Gesellschaft (2006)

Lebensmitteln, wohl nicht nur nach Ansicht von Matthias Kröner, häufig höher als im Banking - man denke an die Zusammensetzung sog. Finanzinnovationen.

Nicht jedes Geschäftsmodell in der Gastronomie, das im Heimatland auf große Resonanz stösst, lässt sich im Maßstab 1:1 auf andere Länder übertragen, selbst dann nicht, wenn sie einer ähnlichen Kultur angehören. Einer Vereinheitlichung der Stilarten sind auch hier - nicht nur geographische - Grenzen gesetzt.

Dass Banking und Gastronomie eine gelungene Kombination eingehen können, zeigt für mich u.a. das *Bankery* der Volksbank Gütersloh/Bielefeld. Das Bankgeschäft hat - aller Abstraktion zum Trotz - auch eine sinnliche Komponente, die man nicht unterschätzen sollte, und die in Zukunft m.E. an Bedeutung gewinnen wird - quasi als Gegenpol zur fortschreitenden Entstofflichung im Banking.

Stilarten im Banking und in der Medienbranche - Eine Annäherung

Die Medienbranche hat in den letzten Jahren einen tiefgreifenden Wandel durchlaufen, der aus Sicht des Banking aus mehreren Gründen eine intensivere Beschäftigung lohnt.
Zum einen deshalb, da sich das Geschäft der Banken und Medienunternehmen fast ausschließlich um die Verarbeitung und Präsentation von Informationen dreht, und zum anderen, weil die Digitalisierung in beiden Branchen die bestehenden Geschäftsmodelle von Grund auf verändert (hat).

Noch vor zehn Jahren dominierten Konzerne wie Vivendi, News Corporation, Bertelsmann, Time Warner und Sony das internationale Mediengeschäft. Entweder legte man den Schwerpunkt der Aktivitäten auf den Bereich Printmedien, wie die News Corporation, strebte eine Diversifizierung an wie Bertelsmann oder setzte auf den Bereich Entertainment wie Sony (oder auch Disney). Die Grenzen waren mehr oder weniger klar abgesteckt, man kannte und respektierte sich - bis Google, Amazon und Apple den Medienmarkt umkrempelten.
Dank Google gehört das Informationsmonopol der Medienkonzerne der Vergangenheit an, mit YouTube hat der Konzern inzwischen die Fernsehgewohnheiten verändert. Amazon hat den Buchhandel fast im Alleingang revolutioniert. Kaum ein Verlag kommt mehr an Amazon vorbei. Das Unternehmen hat sich zwischen die Endkunden und die Verlage geschaltet. Die Möglichkeit, die Lieferung in Echtzeit mitzuverfolgen und Bücher ebenso wie Versender bewerten zu können, hat den Kunden eine Stimme gegeben, die ihnen die alten Spieler nicht geben konnten oder wollten. Jetzt steigt Amazon auch noch selber ins Verlagsgeschäft ein. Apple wiederum hat mit itunes das Musikgeschäft auf eine neue Basis gestellt. Seitdem sind die sog. Majors auf die Rolle von Lieferanten reduziert, die fast schon froh sein dürfen, wenn sie mit Apple Geschäfte machen können.

Binnen weniger Jahre also haben die Medienkonzerne ihre dominierende Stellung verloren.
Jeder Medienkonzern versucht seitdem, auf seine Weise eine Antwort auf die Herausforderungen zu finden. Nachdem die Ausflüge in die Welt des Internet weit hinter den Erwartungen zurückblieben, man denke an Bertelsmann und Lycos, an die

News Corporation und Myspace, sind die klassischen Medienkonzerne auf der Suche nach einer neuen Rolle.
Bei Bertelsmann wird das an dem rasanten Wachstum von arvato sichtbar. Das Geschäft verschiebt sich hier immer mehr vom Content in Richtung Logistik/Vertrieb/Service. Parallel dazu treibt der Konzern die digitale Transformation voran, um im Bereich Content nicht völlig den Anschluss zu verlieren[9]. Ganz der Digitalisierung verschrieben hat sich der Springer-Konzern. Mit Ausnahme von Bild und Welt führt der Verlag keine (nennenswerten) Print-Produkte mehr im Angebot.

Inzwischen bekommen auch die Lieferanten von Finanzinformationen wie Thomson Reuters und Bloomberg die Konkurrenz aus dem Netz zu spüren. Noch kann die Crowd die Platzhirsche nicht ersetzen. Sie kommt allerdings immer näher.

Geschickt gehen einige der Spezialverlage, wie C.H. Beck vor. Dessen Ziel ist es, in einer Mischung aus Print und Digital die periodischen Informationsinteressen der Zielgruppen abzudecken[10]. Ähnlich verfährt Elsevier. Problematischer ist dagegen die Ausgangssituation der Tageszeitungen. Auch mit der Lancierung digitaler Angebote wird es schwer werden, auf Dauer noch profitabel zu arbeiten. Dafür ist der Content zu austauschbar. Ganz zu schweigen von der "Customer Experience".
In Ansätzen mit der wachsenden Fintech-Startup-Szene vergleichbar sind die vielen kleinen digitalen Verlage, die derzeit mit "wilden Veröffentlichungen" (Beat-Publishing) die Branche irritieren, wie Frisch & Co und andere.

Es passt ins Bild, dass die derzeit weltweit wertvollste Marke im Banking, Wells Fargo, einst als Transportunternehmen im sog. "Wilden Westen" begann. Bei dieser Gelegenheit wurden immer auch Nachrichten bzw. Informationen transportiert. Zusammen mit den später das Transportwesen dominierenden Eisenbahnen führten sie die noch junge Nation in ein, wenn man so will und in Anlehnung an Alfred Chandler[11], erstes Informationszeitalter. Wie kaum eine andere der klassischen Banken ist Wells Fargo derzeit dabei, sich den veränderten Bedingungen anzupassen, um nicht, wie die großen Medienkonzerne, von Google, Amazon und Apple auf die hinteren Ränge verwiesen zu werden.
Die BBVA hat mit der Übernahme der Bank Simple ein deutliches Signal für die gesamte Branche gesetzt. Deren Vorstandschef Francisco Gonzales warnte bereits vor einigen Monaten davor, dass Amazon und Google ihre Zurückhaltung ablegen und das Banking für sich entdecken könnten[12]. Eigentlich ist er ziemlich sicher, dass dieser Fall eintreten wird.

---

[9] Digital@Bertelsmann. Transformation und Entwicklung von Geschäften, INSIDE Mai/2013

[10] Tobias Freudenberg: Diversifizierung und Digitalisierung. Zeitschriftenprojekte im Verlag C.H. Beck, Vortrag (Kongress der Deutschen Fachpresse 2013. Transformation erfolgreich gestalten. Fachtagung Redaktion) Letzter Aufruf am 05.05.2014

[11] Alfred Chandler u.a.: A Nation Transformed by Information: How Information Has Shaped the United States from Colonial Times to the Present (2003)

[12] Francisco Gonzáles: Banks need to take on Amazon und Google or die, Financial Times vom 02.12.2013

Peter Weill u.a. empfehlen bei der Implementierung eines digitalen Geschäftsmodells drei Varianten[13]:

- Content (What is consumed?)
- Experience (How is it packaged?)
- Platform (How is it delivered?)

Der Ansatz, alles aus einer Hand anzubieten und in jeder Kategorie zur Spitze zu zählen, dürfte selbst für die größten Banken kaum realistisch sein.
Unterbleibt die Reaktion oder fällt sie zu undifferenziert aus, dann werden sich die großen Internet- oder Telekommunikationskonzerne die Schichten Content, Experience und Platform unter sich aufteilen. Die technologischen und finanziellen Möglichkeiten dazu haben sie schon lange.

Die großen Banken müssten demnach die Komponenten dafür verwenden, ihren eigenen Stil zu entwickeln, d.h. Amazon und Co. zwar nicht zu kopieren, wohl aber von ihnen zu lernen, wie beispielsweise im Kundenservice.
Privat- und Regionalbanken könnten sich an den Strategien der Fachverlage wie C.H. Beck orientieren. Für die ganz kleinen Institute, die noch das klassische Bankgeschäft betreiben, dürfte es künftig ähnlich schwer werden wie für die Tageszeitungen.

[13] Peter Weill, Stephanie L. Woerner: Optimizing Your Digital Business Model, MIT Sloan Review, Spring 2013, Vol. 54 No. 3

Strategische Wendepunkte im Banking

Vor einiger Zeit schlug eine Studie[14] der BBVA im Internet hohe Wellen, in der auf die Gefährdung der Banken durch sog. disruptive innovations wie Mobile Banking und Crowdfunding hingewiesen wurde.
Die darin geschilderten Bedrohungen für das Geschäftsmodell der Banken sind nicht neu. Bemerkenswert ist allenfalls, dass eine der größten Banken der Welt das Crowdfunding als echte Alternative in der Finanzierung betrachtet. Dem Mobile Banking wird großes Potenzial zur Steigerung der Produktivität attestiert; ebenso wird die Emanzipation der Kunden von ihrer Bank zur Kenntnis genommen. Künftig müssten die Angebote kundenzentriert sein und von den neuesten Technologien unterstützt werden. Die Filialen werden zwar an Bedeutung verlieren, jedoch nicht ganz von der Bildfläche verschwinden.

Andrew S. Grove, langjähriger CEO von Intel, beschrieb vor einigen Jahren in seinem Buch *Nur die Paranoiden überleben*[15]*. Strategische Wendepunkte vorzeitig erkennen* den schmerzhaften Wandlungsprozess, den sein Unternehmen in den 80er und 90er Jahren durchlaufen musste. Angesichts der Tatsache, dass die japanischen Halbleiter-Hersteller Chips zu konkurrenzlos günstigen Preisen in großen Mengen herstellen konnten, war ein Schwenk in das Segment der Mikroprozessoren der einzige Ausweg. Rückblickend spricht Grove daher auch von den *Strategischen Wendepunkten*, die ein Unternehmen, ganz gleich welcher Branche, früher oder später passieren muss. Erkennt es diese zu spät, sieht es für die Zukunft des Unternehmens düster aus.

Für die Diagnose empfiehlt Grove den Bedingungsrahmen des eigenen Geschäfts fortlaufend zu überprüfen. Drei Fragen sind für ihn dabei zentral:

- Ändert sich ihr Hauptkonkurrent?
- Ändert sich etwas bei dem Hauptanbieter von Komplementärprodukten? (Branchenstruktur)
- Haben ihre Kollegen und Mitarbeiter nicht mehr alles im Griff? d.h. haben Sie den Kontakt zum Markt und den Kunden verloren?

Gemessen daran, ist es nicht übertrieben festzustellen, dass die Bankenbranche gleich auf mehrere strategische Wendepunkte zusteuert. Warum sollte es hier auch anders sein?

Allerdings trifft die Entwicklung die Banken nicht unvorbereitet. Was ihre Handlungsfähigkeit allerdings deutlich einschränkt sind die sog. *Sunk Costs* wie auch das Phänomen des Organisationsgedächtnisses, d.h. die Herausforderungen liegen nicht nur im betriebswirtschaftlichen, sondern auch im organisatorischen Bereich (Organizational Design).
Geschützt wird das Geschäftsmodell der Banken noch von den regulatorischen Bestimmungen wie auch von der Tatsache, dass für sie in ihrer Rolle als Risikotransformatoren noch kein Ersatz zur Verfügung steht.

---

[14] BBVA Research: Economic Outlook United States. Second Quarter 2013. Economic Analysis

[15] Andrew S. Grove: Nur die Paranoiden überleben. Strategische Wendepunkte frühzeitig erkennen (1997)

Deswegen konzentrieren sich die Herausforderer wie PayPal auch geschickt auf die Bereiche der Wertschöpfungskette, die von den erwähnten Beschränkungen kaum betroffen sind, wie Katja Lehr von PayPal in einem Interview mit Lothar Lochmaier[16] auch bestätigt.

Warum sollten Apple, Amazon und Google eine andere Strategie als PayPal verfolgen? Was hätten sie davon, als Vollbank aufzutreten? Wozu sich die Risiken und Kosten aufladen, wenn man sein Geld doch deutlich einfacher verdienen kann und für den Rest, wie der Risikotransformation, andere Anbieter bereit stehen?

Das ist das eigentliche Dilemma der klassischen Banken: Dass sie irgendwann "nur" noch als Risikohändler benötigt werden.
Und wenn die Risikotransformation eines Tages in dieser Form nicht mehr nötig ist, dann trifft wirklich zu, was Bill Gates einmal gesagt hat:

Banking is necessary, banks are not[17].

Wie sehr die Disintermediation voranschreitet, zeigt auch das Beispiel des spanischen Startups Licuos, welches das Inhouse Banking konsequent weiter denkt und damit in die Paradedisziplin der Banken, die Unternehmensfinanzierung, vorstossen.

Den strategischen Wendepunkt halten einige Beobachter dann für erreicht, wenn Google, Facebook oder Apple das Beispiel von Moven und Bank Simple aufnehmen, und eigene Online-Angebote lancieren. In China hat Alibaba diesen Weg bereits beschritten. Dank ihrer finanziellen und technologischen Schlagkraft könnten Google & Co. den Markt umkrempeln, sofern sie sich von den regulatorischen Restriktionen fern halten, d.h. nicht als Vollbank auftreten. Brett King, Gründer von Moven, rät den Banken daher, erst gar nicht zu versuchen, mit Google & Co im Front End zu konkurrieren. Frei nach dem Motto: *"If you can't beat them, join them"* empfiehlt er ihnen den Weg der Kooperation zu gehen.
Das birgt für die Banken die Gefahr, außerhalb der Filiale, den direkten Kontakt mit den Kunden zur verlieren. Ihre Aufgabe würde sich auf die Transaktionsabwicklung und das Risikomanagement beschränken. Ein klassischer Fall der *Dekonstruktion der Kreditwertschöpfungskette*[18], wie sie Jürgen Moormann u.a. beschrieben haben.

So oder so: Die Banken sind dabei ihre Rolle als Vermittler, Finanz-Intermediäre, zu verlieren. Die Disintermediation schreitet voran - auch in der (Unternehmens-) Finanzierung.

---

[16] Social Banking 2.0 - Der Kunde übernimmt die Regie (Blog): Google, iBank, PayPal: Das Smartphone als Universalbank? vom 08.07.2013

[17] Marc Brost: Offline-Banking, Zeit Online vom 07.12.2000

[18] Benjamin Ade, Jürgen Moormann: Dekonstruktion der Kreditwertschöpfungskette, in: Sourcing in der Bankwirtschaft (2004)

Wollen die Banken nicht ins Back End abgedrängt werden, müssen sie sich über Alternativen Gedanken machen. Beispiele wären, die *Bank als Plattform* zu verstehen und das Angebot von *Personal Finance Management*.

Der Zukunftsschock 2.0 im Banking

In den vergangenen Jahrzehnten sind nur sehr wenige Bücher veröffentlicht worden, deren Prognosen/Annahmen sich als so treffsicher erwiesen haben, wie in *Der Zukunftsschock*[19] von Alvin Toffler aus dem Jahr 1970.

Hervorgerufen wird der Zukunftsschock durch neue Technologien, die in immer kürzeren Abständen die Gesellschaft durchdringen.

An diesem Punkt, in dieser Phase befindet sich auch die Bankenbranche. Die neuen Ideen lauten u.a. Collaboration, Community und Mobile. In der Praxis angewendet werden diese Ideen in den sozialen Netzwerken wie überhaupt im Internet, wo ständig neue Ideen auftauchen, z.B. durch FinTech Startups oder neue Geschäftsmodelle wie Crowdfunding. Das Netz fungiert dabei als Verstärker.
Wie Steven Johnson in *Wo gute Ideen herkommen. Eine kurze Geschichte der Innovation*[20] schreibt, hat das Internet die alte Faustregel, wonach Innovationen insgesamt 20 Jahre benötigten, um sich durchzusetzen (10/10 Regel, z.B. Videorecorder, HDTV) auf 2 Jahre (1/1 Regel) verändert.

Dieser Prozess ist kaum aufzuhalten.

Das eigentliche Dilemma der Banken besteht nun darin, dass sich die Überlagerung der Kulturen, von der Toffler spricht, durch die Organisation, die IT-Landschaft und das Personalmanagement zieht. Besonders deutlich treten diese *Zeitschichten*[21] (Reinhart Koselleck) in der Bank-IT hervor. Keine andere Schicht der Bank-IT repräsentiert (zwangsläufig) die Vergangenheit so sehr wie das Back End, insbesondere die Kernbankensysteme.

Organisationsstrukturen, IT-Landschaften und das Personalmanagement in den Banken und Sparkassen sind für eine vergleichsweise lange Zeitspanne und nicht auf rasche Vergänglichkeit ausgelegt. Die Vorläufigkeit aller Lösungen, Produkte wie auch Organisationsformen ist in Zukunft, und eigentlich schon jetzt, aber die Regel und nicht die Ausnahme, wie der polnisch-britische Soziologe Zygmut Baumann nicht ohne Bedauern feststellt[22]. Nach Baumann scheint unsere Zeit nichts mehr zu fürchten, als dass aus einer Episode eine Epoche wird.

---

[19] Alvin Toffler: Der Zukunftsschock (1970)

[20] Stephen Johnson: Wo gute Ideen herkommen. Eine kurze Geschichte der Innovation (2013)

[21] Reinhart Koselleck: Zeitschichten. Studien zur Historik, 2000

[22] Zygmunt Baumann: Flüchtige Zeiten: Leben in der Ungewissheit. 16. Karlsruher Gespräche am 11.02.2012

Diese Gefahr sieht Steven Sinofsky nicht, wie er u.a. in seinem Beitrag *'Continious Productivity' and the Next Generation of Work and Tools for Work*[23] darlegt, allerdings ohne dabei auf Baumann Bezug zu nehmen. Die Aussagen Sinofskys könnten sich als ebenso zutreffend erweisen, wie die Tofflers vor nunmehr über vierzig Jahren.

Ist das Arbeitsumfeld der Menschen heute in den meisten Fällen noch von Unterbrechungen (Auftragszyklen, Meetings, zeitraubende Abstimmungsverfahren) also episodisch geprägt, wird in Zukunft kontinuierlich gearbeitet.

In dieselbe Richtung zielt der Beitrag *Design and the Coming Iceberg*[24] von Mark Rolsten von frog design. Die klassische Produktentwicklung, die ein Produkt erst dann ausliefert, wenn es komplett ist, weicht einer kontinuierlichen, gemeinschaftlichen Arbeit am Produkt, an der Lösung, weit über den Zeitpunkt der Auslieferung hinaus.

Ein ständiger Fluss an Ideen, Produkten und Features bricht sich in immer kürzeren Abständen Bahn. Mit den bestehenden Organisationsformen ebenso wenig wie mit schrittweisen Veränderungen, wird dieser Wandel, so er denn so oder so ähnlich eintritt, in den Banken kaum zu bewältigen sein. Ein Zukunftsschock wäre die Konsequenz. Monolithische Blöcke oder Inseln werden der Brandung über kurz oder lang nicht standhalten können.

Die verschiedenen Schichten (in der Sprache der Bank-IT: Front End, Middleware und Back End) werden sich langsam voneinander abkoppeln.
Steven Sinofsky erwähnt in seinem Essay auch eine Episode, die Andy Grove in dem Buch *Nur die Paranoiden überleben. Strategische Wendepunkte vorzeitig erkennen*, geschildert hat. Zu seiner Überraschung stellte Grove bei einem Werksbesuch in Oregon fest, dass einige Mitarbeiter den radikalen Schwenk in der Unternehmensstrategie von Intel, weg von den Halbleitern/Speicherchips hin zu Mikroprozessoren, erleichtert aufnahmen.

Allerdings ist nicht von der Hand zu weisen, dass Beschleunigung und technologischer Wandel zum reinen Selbstzweck werden können, woran auch Toffler erinnert. Das wäre ein weiterer, der eigentliche Zukunftsschock.

Das geht weit über Fragen des Banking hinaus ..

Substitution durch neue Technologien

In seiner Aufzählung der sechs Bestimmungsfaktoren der Wettbewerbsfähigkeit eines Unternehmens gab Andy Grove in *Nur die Paranoiden überleben* dem Faktor der Substitution durch neue Technologien besonderes Gewicht.

Mit Blick auf die Medienindustrie lässt sich zeigen, wie sehr neue Technologien und Geschäftsmodelle, genannt seien nur iTunes von Apple und Amazon, die

---

[23] Auf LinkedIn vom 31.August 2013

[24] design mind vom 09.09.2013

Machtverhältnisse in einer Branche verändern können. Die Bankenbranche erwähnte Grove damals noch nicht. Zu der Zeit befanden sich die Banken noch in einer Position, die den Gedanken, auch sie könnten irgendwann auf einen strategischen Punkt zusteuern und von ähnlichen Problemen geplagt werden wie andere Branchen zuvor, ins Reich der Fabel verbannten. Das hat sich inzwischen geändert.

Banken wie die ANZ in Australien, Hana in Korea, die mBank in Polen und die türkische Garanti-Bank unternehmen große Anstrengungen, um dem Schicksal der Medienkonzerne zu entgehen. Die ANZ Bank plant gleich an mehreren Stellen eine Offensive[25]. Dabei nehmen die mobilen Geräte eine Schlüsselstellung ein. Derzeit arbeitet die Bank an einer eignen Mobile Wallet. Ebenso räumt die ANZ dem P2P Lending und Crowdfunding große Chancen ein.

Ein weiser Entschluss, wenn man sich das Potenzial der Mobile Wallets vergegenwärtigt. Allerdings werden die Banken sich an den Gedanken gewöhnen müssen, bei den Mobile Wallets künftig nur noch ein Spieler unter vielen zu sein, wie das Mobey Forum anmerkt[26].

Der Gedanke ist gar nicht so abwegig, dass Mobile Wallets irgendwann die gesamte Vermögensverwaltung übernehmen könnten, d.h. das gesamte Geldvermögen könnte sich darin befinden.

Weiterer Veränderungsdruck mit dem Potenzial, das Geschäftsmodell der Banken zu ersetzten, zumindest aber ernsthaft zu gefährden, geht von den digitalen Währungen aus. Derzeit steht Bitcoin als prominentester Vertreter in der Kritik - nicht zu Unrecht[27]. Es wäre jedoch ungewöhnlich, wenn der technologische Fortschritt bei den Währungen stoppen würde. Über kurz oder lang wird sich eine digitale Währung durchsetzen - vielleicht sogar mehrere. Ob das Bitcoin sein wird, ist damit nicht gesagt.
Falls es aber dazu kommt, wird sich das Bankgeschäft grundlegend wandeln. Digitale Währungen, zumindest die derzeit bekannten, benötigen keinen Finanzintermediär mehr. Die Geschäfte werden direkt zwischen den Beteiligten abgewickelt. Damit bliebe für die Banken noch die Beratung (als Trusted Advisor) und der Handel mit digitalen Währungen.

Jedenfalls sind einige Banken den neuen Entwicklungen gegenüber sehr aufgeschlossen und experimentieren schon fleißig - häufig haben sie die Experimentierphase verlassen. Auffallend ist, dass die meisten aus den sog. Schwellenländern stammen: Asien, Lateinamerika und Osteuropa. Die entwickelten Industrienationen sind im Vergleich dazu sehr zurückhaltend, was John Ginovsky zu dem sarkastischen Beitrag *There's plenty of bank technology innovation - out there*[28] veranlasste.

---

[25] Tim Lohman: ANZ Bank: Mobile is the catalyst for banking transformation, ZDNet vom 10.11.2013

[26] Mobey Forum: Mobile Wallet Part 5: Strategic Options for Banks vom 15.10.2013

[27] Dirk Elsner: Neuer Hype um Bitcoin: Muss man die Cryptowährung haben?, BlickLog vom 11.11.2013

[28] John Ginovsky: There's plenty of bank technology innovation - out there, ABA Banking Journal vom 05.11.2013

Wandel im Banking durch FinTech Startups

Wie FinTech Start-Ups das Banking verändern - Leumi, Elevator, Innovation Lab, SixThirty u.a.

Wer sich allein die Entwicklung der letzten Monate im Bereich Banking anschaut, hat den Eindruck, dass die Startups aus dem Bereich der Financial Technology die Rolle des Schrittmachers übernehmen. Jedenfalls häufen sich die Meldungen, die von einer Kooperation zwischen Banken und FinTech Startups berichten, wie bei der israelischen Bank Leumi[29].

Zusammen mit Elevator, ein auf Startups spezialisiertes Netzwerk, hat Leumi ein Programm aufgelegt, das im September 2013 gestartet ist und jungen Unternehmen, die IT-Lösungen für das Banking entwickeln, die Gelegenheit gibt, sich über einen Zeitraum von 6 Monaten den kritischen und zugleich wohlwollenden Blicken der Jury zu stellen.

Während des Zeitraums erhalten sie von Leumi, Elevator und anderen Kooperationspartnern professionelle Unterstützung in verschiedenen Bereichen wie Business Development, Public Relations usw. Ebenso wichtig ist die Unterstützung auf technischem Gebiet.

Das ist schon eine recht weitgehende Einbindung der Startups in die Bank. Nach Ablauf des Programms hoffen die Initiatoren, dass die Startups in der Lage sind, neue Investoren zu gewinnen und sich am Markt zu etablieren. Auch schließt die Bank nicht aus, das eine oder andere Startup zu finanzieren oder gar zu kaufen, was ein legitimes Ziel ist.

Eine weitere Meldung kommt aus St. Louis[30]. Dort haben sich einige Unternehmer und Investoren zusammengetan und das Programm *SixThirty* aufgelegt, das einen ähnlichen Ansatz verfolgt wie das Projekt von Leumi und Elevator. In den nächsten drei Jahren sollen pro Jahr acht junge Unternehmen gefördert werden. Durch die hohe Anzahl namhafter Banken in der Region St. Louis, wie z.B. Wells Fargo, erhoffen sich die Initiatoren gute Erfolgschancen für ihr Projekt.
Die Teilnehmer sollen am Ende des Programms die Gelegenheit bekommen, ihr Konzept vor Vertretern von IT-Unternehmen und von Banken zu präsentieren.

---

[29] Leumi to invest in financial technology startups, Globes vom 06.08.2013

[30] Lisa Brown: Accelerator formed to back financial technology startups, St. Louis Today vom 09.08.2013

Banking Myopia

Das Beratungshaus Celent veröffentlichte einen interessanten Beitrag mit dem Titel *' voiding Banking Myopia*[31]. Darin nimmt der Autor Bob Meara Bezug auf den Artikel *Marketing Myopia*[32] (Myopia = Kurzsichtigkeit) von Ted Levitt aus dem Jahr 1960, der bis heute für Diskussionsstoff sorgt - zu Recht.

Der Hauptfehler des Managements ehemaliger Wachstumschampions war laut Levitt, dass sie vergaßen, die alles entscheidende Frage zu stellen: *In welchem Geschäft sind wir eigentlich?*

So trivial diese Frage auf den ersten Blick auch erscheinen mag, um so schwieriger ist es, eine eindeutige und den aktuellen Umständen entsprechende Antwort darauf zu finden. Häufig wird auf die überlegene Qualität der eigenen Dienstleistungen und Produkte verwiesen, ohne die die Kunden eigentlich nicht existieren können und für die auch weit und breit kein Ersatz in Sicht ist - von ernsthafter Konkurrenz ganz zu schweigen. Das führt das Management dann nicht selten zu der Überzeugung, dass die eigene Wachstumsstory noch lange nicht zu Ende ist - ein Irrglaube wie Levitt meint. Seiner Ansicht nach gibt es so etwas wie eine Wachstumsbranche überhaupt nicht - zumindest nicht auf lange Sicht. Sie mag einige Zeit wachsen, doch irgendwann gelangt sie an den Punkt, *den strategischen Wendepunkt* (Andy Grove). Von diesem Zeitpunkt an verschieben sich, wenn auch zunächst nur unmerklich die Gewichte im Markt. Damit verändert sich auch das Geschäft.

Im Banking macht sich diese Gewichtsverschiebung u.a. in einer wachsenden Emanzipation der Kunden bemerkbar, unterstützt durch die neuen technologischen Möglichkeiten, die das Internet zur Verfügung stellt. Mit den herkömmlichen Methoden des Verkaufens gerät man schnell in eine Sackgasse, wie Levitt schon 1960 feststellte.
Mehr denn je sind heute Unternehmen, insbesondere Banken, als Problemlöser für spezielle Fragen gefordert, weniger als Produzenten standardisierter Produkte und Lösungen. Ein Punkt, auf den Levitt in seinem Buch *Marketing Imagination* nachdrücklich hinwies:

> *' product is, to the potential buyer, a complex cluster of value satisfactions*[33]

Vor allem der Hinweis auf den "complex cluster of value satisfactions" stellt für die Banken eine Herausforderung dar, wollen sie künftig überhaupt im Geschäft bleiben. Abhilfe können z.B. personalisierte Dienstleistungen und Services wie Mobile Banking und PFM schaffen.

Das Banking hat gute Chancen, auch in Zukunft eine Wachstumsbranche zu sein bzw. wieder zu werden. Allerdings nicht mit dem alten Geschäftsverständnis. Hierbei kann ein Blick über die althergebrachten Branchengrenzen, wie Celent richtig feststellt, nicht schaden. Erinnert sei an Crowdfunding, Mobile Payments und

---

[31] Celent Banking Blog vom 15.08.2013

[32] Theodore Levitt: Marketing Myopia, Harvard Business Review July-August 1960

[33] Theodore Levitt: The Marketing Imagination (1986)

FinTech Startups wie überhaupt die neuen Anbieter, die (derzeit noch) als Non-Banks bezeichnet werden.

Die API - Revolution

Die wachsenden Ansprüche, die von den Kunden an die Banken gerichtet werden, insbesondere wenn es um Services über mobile Kanäle wie Smartphones und Tablet-PCs geht, haben bei einigen Instituten bereits zu einem Sinneswandel geführt. Das Denken in geschlossenen Systemen, wie es noch heute in der Bank-IT verbreitet ist, sieht sich zunehmend mit einem Ansatz konfrontiert, der Außenstehende einlädt und ermutigt, sich über offene Schnittstellen - Open APIs - an der Entwicklung benutzerfreundlicher Applikationen zu beteiligen - wie z.B. bei der französischen Crédit Agricole.

Dort hat man bereits im Januar 2012 einen Marktplatz für Finanzapplikationen eingerichtet - *den C' Store*.

Bevor der Marktplatz live ging, führte die Crédit Agricole mit den Kunden "Procreation Workshops" durch. Mit ihrem CAStore hat die Crédit Agricole mittlerweile den ersten Preis des Französischen Verbands für Kundenbeziehungen gewonnen[34].

Ebenfalls Vorreiter bei der Einbindung externer Partner in die eigene Bank-IT über offene Schnittstellen ist die Garanti Bank aus der Türkei, die mit ihrem Ansatz auch in den USA, wie auf dem MobileBeat 2013, auf reges Interesse stösst. Deren Senior Vice President for digital channels, Deniz Güven, gab dort Auskunft, wie die Bank ihr Kundenangebot über die digitalen Kanäle verbessern will[35].

Mit *iGaranti* will Garanti das Banking nicht nur in der Türkei verändern. Überhaupt sind die türkischen Banken auf dem Gebiet der Mobile-App-Entwicklung führend in Europa[36]. Derzeit liegt die Türkei bei der Verbreitung mobiler Bankapplikationen in Europa an der Spitze, wie auf *Banking Technology* u.a. berichtet wird[37].

Kürzlich hat die neuseeländische Westpac eine landesweite Crowdsourcing-Initiative, The Westpac App Challenge[38], gestartet. Die Leumi Bank in Israel gewährt im Rahmen ihres FinTech Programms externen Entwicklern Zugriff auf die eigenen Systeme (Beta Site)[39].

---

34 The CA Store wins kudos for innovation, credit-agricole.com, letzter Aufruf am 05.05.2014

35 Christian Farr: Banks 'galopping ahead' to help you manage your money mobile, Venture Beat vom 09.07.2013

36 Facebook banking is common in Turkey, MoneyScience vom 04.06.2013

37 Elliott Holley: Turkish Garanti Bank launches 'Facebook' mobile banking app, banking technology vom 30.08.2013

38 Ben Chapman-Smith: Bank turns to public in quest for new app, The New Zealand Herald vom 24.07.2013

39 Leumi to invest in financial technology start ups, Globes vom 08.06.2013

Nicht unerwähnt bleiben soll bei der Gelegenheit das *Open Bank Project.* Sich dem Open Api-Gedanken verschrieben haben sich hierzulande u.a. TESOBE und figo mit figo-connect.

How Fin-Tech Startups Are Disrupting Wall Street

Die technologischen Innovationen im Banking entstehen nur in den seltensten Fällen in der Wall Street. Stattdessen kommen sie von außen, häufig durch FinTech Startups, die im Westen der USA, vorzugsweise im Silicon Valley, angesiedelt sind[40]. Da FinTech Startups nicht denselben Restriktionen unterliegen wie die IT-Abteilungen der Banken und auch sonst von deren Altlasten befreit sind, verfügen sie über einen großen Startvorteil. Das haben mittlerweile auch die Venture Capital - Investoren erkannt, die 2013 bisher deutlich mehr Startups finanziert haben als im Jahr zuvor.

In Deutschland verhält es sich nicht viel anders. Bei uns kommen die technologischen Innovationen im Banking ebenfalls in den meisten Fällen von den FinTech Startups, die häufig abseits der Bankenmetropole Frankfurt ihren Sitz haben, bevorzugt in Berlin wie *TESOBE*, *figo, smava* und *' vuba.* Und nicht zu vergessen: die *Fidor Bank* aus München.

Insofern ist es gar nicht (so) weit hergeholt, die Prognose zu wagen, dass die Banking-Metropole demnächst Berlin sein wird, während Frankfurt weiterhin die Bankenmetropole ist.

Allerdings ist der Anteil der Investitionen in deutsche FinTech-Startups im weltweiten Maßstab und gemessen an der wirtschaftlichen Bedeutung Deutschlands, sagen wir: ausbaufähig - er lag im Jahr 2012 laut einer Studie von London New Finance[41] bei etwas weniger als 0,6%. Das nimmt sich gegenüber den 30% Großbritanniens und den 60% der USA noch recht bescheiden aus.

Deutsche FinTech Startups

Vor einiger Zeit widmete Samarth Shekhar auf Finextra den deutschen FinTech Startups einen ausführlicheren Artikel[42].

Darin stellt Shekhar unter Berufung auf eine Studie von London New Finance fest, dass der Anteil deutscher FinTech Startups im globalen Vergleich mit 0,6% noch sehr bescheiden ist, insbesondere mit Blick auf Großbritannien (30%) und den USA (60%).

Angesichts der wirtschaftlichen Bedeutung Deutschlands sehe ich da durchaus noch Wachstumspotenzial ..

---

[40] Maria Gotsch, Laila Worrell: How FinTech Startups are Disrupting Wall Street, Fintech Innovation Lab, Project Grow Video (YouTube), letzter Aufruf am 05.05.2014

[41] Meetup: Research Report No 2, FinTech - The Strategic Space vom 09.10.2012

[42] Samarth Shekhar: Germany's FinTech rising stars - and their investors, Finextra vom 04.09.2013

Shekhars Liste, die keinen Anspruch auf Vollständigkeit erhebt, führt folgende Start Ups mit ihren Investoren auf:

- Fidor Bank AG
- Smava
- SponsorPay
- PayEleven (Hauptsitz allerdings in London)
- Paymill
- Kreditech
- Auxmoney

Dem füge ich, ebenfalls ohne Anspruch auf Vollständigkeit, hinzu:

- figo
- TESOBE
- Avuba
- Lendstar
- Bergfürst
- bankless24
- vaamo
- vexcash
- kesh (BIW - Bank für Investments und Wertpapiere AG)
- SentiTrade
- Finanzchef24
- moneymeets
- Numbrs
- Mambu
- Papayer
- WeltSparen
- Pockets United

In einem Interview mit Gründerszene äußerte sich Internet-Pionier *Vint Cerf* u.a. lobend über die Startup-Szene in Berlin[43], die für ihn einige Ähnlichkeit mit der im Silicon Valley hat. Das Berliner Startup-Ökosystem funktioniere, so Cerf, jedenfalls so weit er sehen könne, bereits recht gut.

Demnächst also Banking-Metropole Berlin?

Gar nicht so abwegig ..

---

[43] Nikolaus Röttger: Der Vater des Internets lob die Samwers, Gründerszene vom 12.03.2014

FinTech-Startup Hochburg New York City

In den USA scheint New York gegenüber dem Silicon Valley als Standort für Startups, vor allem aus dem Bereich Financial Technology, Boden gut zu machen[44][45].

Die räumliche Nähe von Start Ups und potenziellen Kunden ergibt Sinn. Einer der Gründe, weshalb Xerox den Anschluss an das PC-Zeitalter verschlief, wird u.a. auch darauf zurückgeführt, dass die Zentrale und das Forschungszentrum PARC tausende Kilometer voneinander entfernt waren. Auch im digitalen Zeitalter lassen sich räumliche Distanzen nicht völlig ausgleichen. Anscheinend braucht der *Spillover-Effekt* auch im Web-Zeitaler ein bestimmtes Mindestmass an räumlicher Nähe. Gegenbeispiel für diese These ist Berlin.

1st Study of FinTech Startups & Innovators in Germany, Austria and Switzerland

In der Studie *1st Study of FinTech Startups & Innovators in Germany, ' ustria and Switzerland* über 100 Fintech Startups aus Deutschland, Österreich und der Schweiz [46]zeichnet Samarth Shekhar vom FinTech Forum D-A-CH das in dieser Form erste Gesamtbild der auch im deutschsprachigen Raum lebendiger werdenden Gründerszene im Banking-Umfeld.

Im September 2013 äußerte Shekhar in einem Beitrag auf finextra seine Verwunderung darüber, dass der Anteil der deutschen FinTech Startups im globalen Vergleich mit 0,6%, insbesondere mit Blick auf Großbritannien (30%) und den USA (60%), noch recht bescheiden sei.

Zusammen mit Frank Schwab machte sich Shekhar im Vorfeld des ersten FinTech Forums DACH ab Juli vergangenen Jahres auf die Suche nach FinTech-Startups im deutschsprachigen Raum. Bis Ende Oktober konnten Schwab und Shekhar zu ihrer eigenen Überraschung mehr als 100 Startups mit Bezug zum Banking identifizieren.

Als regionale Schwerpunkte machten sie in Deutschland Berlin, Frankfurt und München, in Österreich Wien, und in der Schweiz Zürich aus. Weitere regionale Cluster bestehen in Köln/Düsseldorf und in Hamburg.

Der Befund deckt sich - bezogen auf Deutschland - weitgehend mit dem von BITKOM[47], wonach beim Wagniskapital für IT-Startups unter den Bundesländern Berlin, Bayern, Baden-Württemberg, Nordrhein-Westfalen und Hamburg an der Spitze liegen. Hessen dagegen schneidet hier überraschend schlecht ab.

---

[44] Judith Messina: Startups roil banking's status quo, Crain's vom 22.09.2013

[45] Jessica Stillman: Beyond Silicon Valley: 3 Hot Startup Industries in New York, Inc. vom 03.09.2014

[46] FinTech Forum DACH: 1st Study of FinTech Startups & Innovators in Germany, Austria and Switzerland, Februar 2014

[47] BITKOM. Venture-Capital-Investitionen in IT-Start-ups legen leicht zu, vom 06.03.2014

Was Hessen und damit die Finanzmetropole Frankfurt betrifft, zeichnet die Studie vom FinTech Forum D-A-C-H, allerdings bezogen auf die insgesamt kleinere Gruppe der FinTech Startups, ein anderes Bild.
Die Ergebnisse für Österreich (Wien) und die Schweiz (Zürich) sind wegen der Größe und Bedeutung der Städte für das Finanzwesen ihrer Länder plausibel.

Für die Visualisierung verwendeten Schwab und Shekhar die Google Maps Engine. Neben dem Standort wurden das Gründungsjahr, die fachlichen Schwerpunkte (Security, PFM, Payments, Data Analytics, Crowdfunding/Crowdinvesting, Capital Markets/Trading, Banking & Corporate Finance) und die Größe, gemessen an der Anzahl der Mitarbeiter, bewertet.

Die Autoren räumen ein, dass ihre Studie auf öffentlich zugänglichen Informationen beruht und daher keinen Anspruch auf Vollständigkeit erheben kann.

Was dann folgt ist eine Liste von 100 Startups, unterteilt in die Arten:

- PFM
- Payments
- Data Analytics & Others
- Crowdfunding/Crowdinvesting
- Capital Markets/Trading
- Banking & Corporate Finance

Darin enthalten ist eine kurze Beschreibung des Leistungsspektrums bzw. des Geschäftsmodells und der Link zur Website.

Persönlich war ich überrascht von der Vielzahl der Startups, von denen mir etliche bis dahin unbekannt waren, wie *Demokratische Bank* und *Nagoda* in der Rubrik Banking & Corporate Finance, *rethink finance, Stockpulse* und *2iQ Research* in der Rubrik Capital Markets/Trading, *innovestment, Mashup Finance* und *P2C ' urelia* in der Rubrik Crowd-Funding/Crowd-Investing, *Quasol* und *Crossing Tech* in der Rubrik Data Analytics/Others, *Pactas* und *Payongo* in der Rubrik Payments sowie *bfox* und *BankingCheck* in der Rubrik PFM.

Anzahl und Vielschichtigkeit der FinTech Startups zeigen, wie groß der Bedarf an innovativen, durch neue Technologien gestützte Geschäftsmodelle im Banking ist und wie groß die Lücke ist, die die etablierten Banken, wenn auch unbeabsichtigt, haben entstehen lassen. Es wird die Branche große Anstrengungen kosten, diese Lücke zu schließen. Die BBVA hat dies bereits erkannt. Insofern stehen die FinTech Startups für einen Stilwandel im Banking.

Wenn auch sicher längst nicht alle FinTech Startups auf Dauer bestehen bleiben und einige, wie die in der Studie aufgeführte IND Group, aufgekauft werden, bleibt festzuhalten, dass es sich hierbei mehr als nur um ein vorübergehendes Phänomen handelt.

Etwas Kritik zum Schluss: Die Rubrik Data Analytics/Others wirkt auf mich ein wenig willkürlich. *Blue Yonder* und *Exasol* beispielsweise sind nicht auf das Banking beschränkt. Mindestens ebenso wichtig sind für sie die Industrie und der Handel. Das

Thema Data Analytics hat m.E. eine Querschnittfunktion durch nahezu alle Branchen.

Neben der Tatsache, dass die Studie eine nach Schwerpunkten geordnete Übersicht der FinTech Startups im deutschsprachigen Raum liefert und einige weiße Flecken in der öffentlichen Wahrnehmung beseitigt, besteht ein weiteres Verdienst darin, die Szene damit überhaupt erst einer breiteren, interessierten Öffentlichkeit bekannt zu machen. Insofern handelt es sich um eine Pionierleistung.

FinTech-Startups gehen in eine neue Phase über

Auf Finextra wagte Michael Backes von Liquid Labs die Prognose, dass die Financial Technologies, und hier insbesondere die Startups, die Art und Weise, wie wir Geschäfte tätigen, in den kommenden fünf Jahren von Grund auf verändern werden[48].

Dass die Fintech-Branche in eine neue Phase übergeht, zeigen verschiedene Meldungen der vergangenen Tage und Wochen. Das bisher spektakulärste Ereignis war die Übernahme von Bank Simple durch die spanische BBVA, dicht gefolgt von dem Kauf von IND durch Misys.

Seitdem hält die Entwicklung unvermindert an, wie drei weitere Meldungen verdeutlichen: So hat sich die australische Westpac über ihren Venture Capital Fund (Reinventure Group) an der P2P Kreditplattform SocietyOne beteiligt[49]. Weiterhin wurde bekannt, dass Barclays 49% der P2P Kreditplattform RainFin übernommen hat[50], die zu den führenden ihrer Art in Afrika zählt. Und als wäre es damit vorerst nicht schon genug, ließ der amerikanische Hersteller von Bankensoftware, Jack Henry, mitteilen, dass er das Startup Banno übernommen hat.[51]

Neben Westpac sind an der P2P Plattform SocietyOne übrigens auch die Gebrüder Samwer über Rocket Internet beteiligt. Ein weiterer Investor ist KKR. Als Grund für ihr Investment gibt Westpac u.a. an, dass die Bank auf diese Weise einen Einblick in die Entwicklung auf dem Feld der P2P-Finanzierung und den damit einhergehenden technologischen Innovationen, vor allem im Bereich der Matching-Technologies, bekommt. Daher lässt der Venture Capital Fund von Westpac die Startups an der langen Leine. So können sie weiterhin ihrem eigenen Rhythmus folgen und Gelegenheiten nutzen, die in einem Konzern leicht unbemerkt bleiben.

Dem Beispiel von Westpac & Co. dürften in nächster Zeit noch weitere folgen.

---

48 Michael Backes: FinTech enters a new phase, Finextra 03.03.2014

49 James Eyers: Westpac buys into first peer-to-peer lender, Financial Review 06.03.2014

50 Peer-to-peer Lending Enters the South African Mainstrem as Barclays Invests in RainFin, PR Newswire vom 05.03.2014

51 Sarah Todd: Jack Henry Acquires Bank Tech Startup Banno, Bank Technology News 04.03.2014

Das britische Startup-Ökosystem

Die Finanzkrise hat - nicht nur - der britischen Regierung vor Augen geführt, wie riskant die Fixierung auf die Finanzindustrie für die eigene Volkswirtschaft sein kann. Um mittel- bis langfristig diese Abhängigkeit zu verringern, hat sich die Regierung entschlossen, die Ökosysteme, die sich im Umfeld der Startups aus dem Technologiesektor gebildet haben, zu fördern. Beispielhaft dafür ist das *Technology Strategy Board*.

Auf der CeBIT 2014 hatte ich Gelegenheit, Zuhörer einer Podiumsdiskussion zu sein, deren Gegenstand das Startup-Ökosystem im Vereinigten Königreich war[52].
Auf Einladung des britischen Handelsministeriums diskutierten führende Vertreter des Startup-Ökosystems im Vereinigten Königreich, darunter Ruz Chishty, James Clark, Jose Bort, Chris Moore und Stuart Coleman, mit dem Publikum über die Entwicklung der vergangenen Jahre, insbesondere in der Hochburg London, wie auch über die aktuelle Situation.

Jose Bort beschrieb die beeindruckende Entwicklung des Startup-Ökosystems in London. Innerhalb der letzten drei Jahre hat sich dort eine Dynamik entfaltet, die wohl einmalig in der Welt ist. Mittlerweile finden bis zu 60 Events täglich in der Londoner Startup-Szene statt, die Gelegenheit bieten, Kontakte zu knüpfen und Erfahrungen ebenso wie Informationen auszutauschen. Die Szene ist bunt gemischt. Sie setzt sich zusammen aus Investoren (Business Angels, VC, Akzeleratoren), (Startup-)Unternehmern, Beratern (Advisors), Veranstaltern, aufstrebenden Talenten und Wissenschaftlern.
Ähnlich, wenn auch nicht in diesem Umfang, verhält es sich in den Ökosystemen der anderen Städte im Vereinigten Königreich, wie in Manchester, Birmingham, Newcastle, Leeds, Bristol, Aberdeen und Glasgow. Einen ersten Eindruck vermittelt techcelearte. Die Fintech-Startups sind im Vereinigten Königreich, schon alleine wegen der Nähe zur "City", fast durchweg in London angesiedelt. In der Diskussion fiel dann auch die Bemerkung "London as a brand".

Als besonders positiv wurden von den Diskussionsteilnehmern die steuerliche Behandlung von Startups wie überhaupt die kurzen Antragsprozesse im Vereinigten Königreich genannt. Das Antragsverfahren ist deutlich schlanker und effizienter als auf dem Kontinent, wie ein Teilnehmer mit leicht süffisantem Unterton anmerkte. Zwar seien Businesspläne nicht ohne Belang für die Bewilligung von Startkapital, mindestens ebenso wichtig sei aber der Eindruck, den das Team auf die Investoren und Behörden macht - "We want to see the team". Die Steuerbehörden seien Startups gegenüber ausgesprochen kooperativ und flexibel eingestellt.

Unterdessen sind die Auswirkungen des Startup-Booms im Vereinigten Königreich auch auf volkswirtschaftlicher Ebene spür- und sichtbar. Die Investments haben in den letzten Monaten an Zahl und Volumen deutlich zugenommen. Je nach der Höhe des Finanzierungsvolumens bieten sich neben VC-Gesellschaften auch zunehmend Crowdfunding und P2P Lending an.

---

[52] The UK Tech Startup Ecoystem, British Business Lounge (Haus der Nationen) CeBIT, 12.03.2014

Das Vereinigte Königreich wirbt damit, dass sich hier - im Gegensatz zum Silicon Valley oder New York, genannt wurden zuvor auch noch Barcelona und Berlin - in einem Umkreis von wenigen Fahrstunden gleich mehrere Startup-Ökosysteme mit verschiedenen Schwerpunkten befinden. In dieser Form derzeit einmalig in der Welt. Einer der Zuhörer sagte dann auch, dass sein Geschäftspartner und er einige Zeit mit einem Umzug ins Silicon Valley geliebäugelt, sich aufgrund der genannten Vorteile jedoch zum Bleiben entschlossen hätten.

Als Nachteil bzw. noch ausbaufähig wurde die Zusammenarbeit mit Universitäten und Forschungsinstituten bezeichnet. Lobend in dem Zusammenhang erwähnt wurde Deutschland mit seinen Fraunhofer-Instituten.

Im Vereinigten Königreich sind die ersten Erfolge bei dem Vorhaben, das (volkswirtschaftliche) Geschäftsmodell breiter auszulegen, sichtbar. Nachdem die Finanzindustrie sich als Achillesverse gezeigt hat und die klassische Industrie auf der Insel kaum noch in nennenswertem Umfang vertreten ist, wie James Dyson nicht ganz zu Unrecht beklagt, hat man aus der Not eine Tugend gemacht. Befreit von "Altlasten" setzt man nun ganz auf die Neuen Technologien.
Aus deutscher Sicht ist es wirklich beeindruckend, wie motiviert, ja enthusiastisch die Briten ans Werk gehen. Auf der Veranstaltung war - für mich jedenfalls - eine Aufbruchstimmung deutlich spürbar. Was den Aufbau und die Pflege von Startup-Ökosystemen anbelangt, können wir in Deutschland, aber nicht nur hier, noch einiges von den Briten lernen. Damit ist nicht gemeint, dass wir sie kopieren sollten. Das ist alleine schon wegen der unterschiedlichen Wirtschaftsstile nicht anzuraten.

Abzuwarten bleibt, ob die Wette auf die Zukunft im Vereinigten Königreich zu dem gewünschten Ergebnis führt. Parallelen zur Dotcom-Blase sind nicht ganz von der Hand zu weisen. Es wird sich zeigen müssen, ob wir es hier nicht irgendwann vielleicht doch mit einer Startup-Blase zu tun haben. Entscheidend ist, dass die Dynamik langfristige, dauerhafte, neudeutsch: nachhaltige Geschäftsmodelle hervorbringt, die sich auf globaler Ebene skalieren lassen.

Sollte das gelingen, dann könnte von den britischen Inseln eine neue industrielle Revolution ausgehen - nicht nur im Banking.

Das Startup-Ökosystem in den USA

Wenn von Startups in den USA die Rede ist, richtet sich die Aufmerksamkeit fast automatisch auf das Silicon Valley. Innerhalb der letzten Jahrzehnte hat sich in der Region zwischen San Francisco und Los Angeles ein Ökosystem aus Technologieunternehmen, Investoren, Talenten und Universitäten gebildet, das in dieser Form wohl einmalig in der Welt ist. Jedoch sind die anderen Regionen in den USA dem Silicon Valley dicht auf den Fersen, allen voran New York. Aber auch in der Provinz haben sich einige Zentren (Hubs) gebildet, die sich sehen lassen können, wie Kansas City und Boulder. Das Startup-Ecosystem in und um Boulder in Colorado hat sich in den letzten Jahren noch dynamischer entwickelt als das im Silicon Valley und in New York, wie Dane Stranger in dem Paper *Path-Dependent Startup Hubs.*

Comparing Metropolitan Performance: High Tech and ICT Startups Density[53] schreibt.

Bei den Fintech Startups, aber nicht nur da, ist New York bereits auf dem besten Weg, das Silicon Valley einzuholen, wie Nick Beim in seinem lesenswerten Beitrag *The Rise and Future of the New York Startup Ecosystem*[54] schildert.
Für den rasanten Aufstieg New Yorks als Startup-Hochburg für Technologieunternehmen macht Beim u.a. die wachsende Verbreitung des Breitband-Internets wie auch das Aufkommen leistungsfähigerer Prozessoren und Speicher ab dem Jahr 2001 verantwortlich. Bis zu diesem Zeitpunkt war im Osten der USA Massachusetts mit seinem ausgeprägten Ökosystem für Kommunikationstechnologie führend. Als sich auch riesige Datenmengen problemlos über das Netz versenden und im Anschluss verarbeiten ließen, übernahm New York an der Ostküste die Führung. In New York mit seinem hohen Anteil an Branchen, die von der Verarbeitung, Darstellung und Interpretation von Informationen leben (information-centric industries) - wie die Finanz- und Werbebranche, fiel diese Entwicklung auf besonders fruchtbaren Boden. Die zunehmende Digitalisierung wird nach Ansicht von Beim dazu führen, dass New York noch dichter an das Silicon Valley als bevorzugter Standort für Startups aus dem Technologiesektor heranrückt.
Gradmesser für die Entwicklung und Stellung eines Ökosystems sind für Beim der Betrag an Risikokapital, der dort in Startups geflossen ist und die Zahl sog. Large Exits - d.h. Startups, die für einen hohen Kaufpreis von einem Konzern übernommen wurden.

Ein weiterer aufstrebender Standort für Fintech-Startups in den USA ist St. Louis im Bundesstaat Missouri. Dort haben vor kurzem einige Investoren, darunter der Mit-Gründer von Square, Jim McKelvey, das Startup-Programm *SixThirty* aufgelegt. Für St. Louis spricht die Tatsache, dass die Stadt als Hauptsitz so namhafter Institute wie US Bancorp, Edward Jones und Wells Fargo eines der größten Finanzzentren der USA außerhalb von New York ist.

BBVA übernimmt Bank Simple - Ein Ereignis mit Signalwirkung

Im Februar 2014 wurde bekannt, dass eine der größten Banken der Welt, die spanische BBVA, einen der "Shooting Stars" des New Banking, Bank Simple, für 117 Millionen Dollar erworben hat[55].
In den vergangen Jahren wurde Bank Simple, neben Moven, immer wieder als Paradebeispiel des Zeitenwandels im Banking genannt. Keine "klassische" Bank, tritt Simple als Vermittler zwischen den Kunden und den Banken auf. Letztere haben in dem Modell von Bank Simple eigentlich nur die Rolle des Transaktionsverarbeiters. Erklärtes Ziel von Bank Simple war und ist es, das Banking für die Kunden im Front End so einfach und transparent wie möglich zu gestalten.

---

53 Dan Stangler: Path-Dependent Startup Hubs. Comparing Metropolitan Performance: High-Tech and ICT-Startup Density, Ewing Marion Kauffman Foundation, September 2013

54 Nick Beim: The Rise and Future Of The New York Startup Ecosystem, TechCrunch vom 28.02.2014

55 Darrell Etherington: Banking Startup Simple Acquired For 117 M, Will continue To Operate Seperately, TechCrunch vom 20.02.2014

Bank Simple präsentierte sich bisher als Herausforderer des traditionellen Banking. Nun wird die Bank Bestandteil einer der größten Bankengruppen der Welt. Darin liegt eine gewisse Ironie.
Bank Simple betont, dass der Verkauf nicht aus der Not heraus erfolge, sondern zu einem Zeitpunkt, in dem sich die Bank in einer ausgesprochen guten Verfassung befindet[56].

Zusammen mit BBVA will Bank Simple den nächsten Schritt hin zu einem Personal Banking vollziehen.

Aus Sicht der BBVA ergibt der Kauf Sinn. Zudem passt er zu dem Weckruf, den der Chef der BBVA, Francisco Gonzales, Ende vergangenen Jahres von sich gab[57]. Darin warnte er eindringlich vor den Gefahren, denen die Bankbranche durch Unternehmen wie Google und Amazon ausgesetzt sei. Daher sei es für die Banken an der Zeit, sich in digitale Plattformen zu verwandeln.

Überhaupt hat sich die BBVA in den letzten Jahren besonders offen gegenüber den Herausforderungen der Digitalisierung gezeigt. Über die bankeigene BBVA Ventures, die u.a. im Silicon Valley (San Francisco) residiert, hat das Institut den Finger am Puls der Zeit. Ende letzten Jahres kündigte BBVA Ventures an, 100 Millionen Dollar in FinTech Startups zu investieren.[58]

Dem Beispiel von BBVA dürften in Zukunft weitere Banken folgen. Einige, wie die Bank Leumi, sind bereits auf einem ähnlichen Weg. Vorstellbar ist auch, dass Google, Amazon & Co. sich das eine oder andere FinTech Startup zulegen werden.

Jedenfalls markiert der Schritt von BBVA den Beginn einer neuen Phase auf dem Weg zum digitalen Banking.

Entscheidend wird sein, ob es der BBVA gelingt, einer Bank Simple, wie auch weiteren noch folgenden Startups, den nötigen Freiraum zu lassen und sie so wenig wie möglich mit der "Konzerndenke" zu behelligen. Nach den ersten Meldungen sieht es danach aus, als wolle die BBVA Bank Simple nicht an die kurze Leine nehmen bzw. beidhändig (Ambidextrous) vorgehen.

FinTech Startups auf dem Radar der Banken

Die BBC berichtete von der Veranstaltung FinTech City London. Bei FinTech City London handelt es sich um regelmäßige Zusammenkünfte von Vertretern der Banken und junger aufstrebender FinTech-Startups[59]. Ziel ist u.a. der Gedankenaustausch

---

56 Joshua Reich: The Next Chapter, Firmen-Blog Bank Simple vom 20.02.2014

57 Francisco Gonzales: Banks need to take on Amazon and Google or die, Financial Times vom 02.12.2013

58 BBVA to invest 100 million dollars in innovative companies, BBVA Press Room vom 23.01.2013

59 Matthew Wall: Start-ups challange big banks‘ technology, BBC News vom 27.01.2014

über die aktuellen und künftig zu erwartenden technologischen Entwicklungen im Bankensektor.

Das allein ist nicht weiter aufregend. Hervorzuheben sind indessen einige Bemerkungen in dem Beitrag. So beschreibt der Autor Matthew Wall in einem Satz die eigentliche Herausforderung, die von den FinTech-Startups für die Banken ausgeht.

Zum Nachdenken regt auch die Aussage von Alex McCracken an, der davon ausgeht, dass wir in Zukunft eine Polarisierung im Bankensektor erleben werden, wonach sich der Markt in global agierende (Universal-)Banken mit der Zielgruppe Multinationale Unternehmen und in kleinere, technologiegetriebene Anbieter mit Fokus auf das Segment Privatkunden und mittelständische Unternehmen aufteilen wird.

Weiterhin wird der Chef und Mitbegründer von Zopa, Giles Andrews, mit den Worten zitiert, dass Zopa keine Bank, sondern eher ein Datenanbieter (data company) sei.

Diese Aussage ruft bei mir jedoch Widerspruch hervor: So schlüssig die Argumentation auch ist und so sehr sie dem Mainstream entspricht, so bezweifle ich doch, dass das Bankgeschäft künftig rein daten- und technologiegetrieben sein wird.

Wie auch immer das Bankgeschäft der Zukunft aussehen wird, es ist und bleibt in erster Linie ein Geschäft der Risikotransformation bzw. der Risikokommunikation und letztendlich der Risikopolitik, die eine Bank oder ein bankähnlicher Anbieter verfolgt. Die besten Technologien und die größten Datenmengen - auch bei proportional steigender Datenqualität - können daran nichts wesentlich ändern.

Anders verhält es sich erst dann, wenn die Risikotransformation nicht mehr in den Händen der Banken liegt, wie es in der Vision des *Bankless Banking im Jahr 2030*[60] beschrieben wird. Das wäre ein grundlegend anderes Szenario.

New Banking: Im Angesicht des Tornados

Die zunehmende Anzahl innovativer FinTech-Startups fegt derzeit wie ein Tornado durch die Bankenbranche. Zwar halten die Banken dem Druck noch Stand, jedoch wächst bei vielen die Verunsicherung. Was, wenn dies nur ein Vorbote, ein laues Lüftchen ist?
Andererseits stellt sich die Frage: Was bleibt von dem Tornado?

Die Metapher des Tornados für das Technologiemanagement wurde von Geoffrey A. Moore in seinem Klassiker *Inside the Tornado. Marketing Strategies From Silicon Valley's Cutting Edge*[61] in Umlauf gebracht.
Darin beschreibt er, basierend auf den Erfahrungen der Shooting Stars aus dem Silicon Valley, die typischen Entwicklungsstufen, die ein innovatives Startup zu

[60] Heinrich Fendt: Bankless Banking 2030. Eine Transformationsstory, Bankmagazin 12/2010

[61] Geoffrey Moore: Inside The Tornado. Marketing Strategies From Silicon Valley's Cutting Edge 1995

durchlaufen hat, wenn es den Tornado im hoch dynamischen Technologiesektor schadlos überstehen will.

Geoffrey Moore entwirft bzw. modifiziert, u.a. in Anlehnung an Everett Rogers, den *Technology ' daption Life Cycle*. Dieser wird repräsentiert von den verschiedenen Gruppen, die sich in ihrer Affinität für neue Technologie unterscheiden. Diese sind:

- Innovators
- Early Adopters
- Early Majority
- Late Majority
- Laggards

Entscheidend für den Erfolg eines Unternehmens im Technologiesektor, das mit neuartigen Produkten den Markt erobern will, ist die Gewinnung der Early Majority, von Moore auch Pragmatists genannt. Bis hierhin mindestens muss der Schwung reichen, ansonsten zerschellen die Ambitionen bereits an den Innovators oder Early Adopters.

Positiv an den Innovators wie auch den Early Adopters ist, dass bei ihnen i.d.R. wenig Überzeugungsarbeit für neue Technologien nötig ist, da diese Gruppen hierfür sehr offen sind. Die Innovators noch mehr als die Early Adopters.
Haken an der Sache ist nur, dass es sich hierbei nur in den seltensten Fällen um Entscheidungsträger handelt und ihre Anzahl noch zu gering ist. Das rettende Ufer wird erst mit Erreichen der Early Majority betreten.

Endgültig in die Gewinnzone gelangt ein junges Technologieunternehmen dann, wenn es ihm gelingt, die Late Majority für sich einzunehmen. Die Laggards sind dagegen mehr oder weniger *Nice to have*, aber nicht wirklich erfolgsentscheidend.

Bedrohlich wird die Lage für Startups in der Regel dann, wenn sie sich in der Anfangsphase zu sehr den Wünschen der Innovators und Early Adopters angepasst haben. Die Produkte und Lösungen bekommen dann nicht selten eine Komplexität, mit der die "normalen" Anwender wenig anfangen können, und für die sie auch nicht bereit sind, einen Aufpreis zu zahlen. Viele Startups bleiben daher bereits an dieser Klippe hängen. Die kritische Masse wird nicht erreicht.

Viele FinTech Startups wenden sich mit ihrem Angebot direkt an die Endverbraucher, wie im Bereich der PFM-Tools, und erst in zweiter Linie an die Entscheidungsträger in großen Organisationen, die Early Majority (Pragmatists). Die Frage ist dann, ob und wie es gelingt, die kritische Masse an Kunden zu gewinnen, unter Umgehung der Pragmatists. Das kann - Stand heute - m.E. nur über den Aufbau eines Netzwerks, Ökosystems mit der entsprechenden kritischen Masse gelingen. Hierfür ist ein langer Atem nötig.

FinTech Startups, die den herkömmlichen Weg einschlagen, müssen weiterhin versuchen, die Pragmatists auf ihre Seite ziehen.

Anders verhält es sich mit den großen Playern wie Apple, Amazon und Google, die bereits über ein eigenes Netzwerk mit der entsprechenden kritischen Masse verfügen bzw. diese relativ schnell erreichen können.

Die Banken wiederum können und werden dieser Entwicklung nicht tatenlos zusehen. Einige haben sich bereits an FinTech-Startups beteiligt oder entsprechende Venture-Capital-Zweige aufgebaut, andere beteiligen sich an Acceleratoren.

Die Rollen sind indes verschieden: Banken, FinTech Startups, Internet und IT-Giganten, Telekommunikationsunternehmen ebenso wie Kreditkartenanbieter begegnen dem Tornado von unterschiedlichen Positionen aus. Das höchste Risiko, aber auch die Aussicht auf den größten Gewinn im Erfolgsfall, haben die FinTech Startups. Nur wenige werden die Stürme und Turbulenzen überstehen. Die wenigen jedoch können einen bestimmenden Einfluss im Banking ausüben.

Für die Banken stellt sich die Frage, inwieweit sie sich auf dieses Risiko, den Tornado einlassen wollen und können.

Apple & Co. dagegen haben derzeit die beste Ausgangsposition und die größte Erfahrung im Umgang mit "Tornados". Eine Garantie ist aber auch das nicht.

Jedenfalls wird die Bankenlandschaft, nachdem noch einige "Tornados" über sie hinweggefegt sind, deutlich anders aussehen als heute.

Der Markt für Wagniskapital in Deutschland

Der Markt für Wagniskapital in Deutschland hinkt nach allgemeiner Auffassung dem vergleichbarer Länder hinterher. Das gilt vor allem für den Bereich der FinTech-Startups, wie Samarth Shekhar vor einigen Wochen herausgearbeitet hat. Inzwischen mehren sich jedoch die Zeichen, dass sich daran etwas ändert. So hat der bereits erwähnte Shekhar zusammen mit Frank Schwab das FinTech Form DACH ins Leben gerufen.

Überhaupt zeigt sich bei näherer Betrachtung, dass es um den deutschen Markt für Risikokapital gar nicht so schlecht bestellt ist, wie das Gutachten *Venture Capital und weitere Rahmenbedingungen für eine Gründungskultur* von Fraunhofer ISI feststellt. Zwar nimmt Deutschland in keinem der untersuchten Bereiche eine Spitzenstellung ein, jedoch reicht es in den meisten Fällen für eine Platzierung im guten Mittelfeld. Dank der wachsenden Zahl von Business Angels, öffentlicher Förderprogramme [62](ERP-Staatsfonds II, High Tech Gründerfonds II, Bayern Kapital u. Berliner und Brandenburger Fonds), großer Accelerators (Rheingau Ventures oder Rocket Internet) bis hin zum Crowdinvesting (Bergfürst) hat sich der Markt für Wagnisfinanzierungen zwar nicht überwältigend, jedoch mit stetiger Aufwärtstendenz entwickelt.
Der Bericht von Fraunhofer stellt in Deutschland regionale Unterschiede fest. So entfällt der mit Abstand größte Anteil am Markt für Wagniskapital auf Berlin, gefolgt

[62] Marianne Kulicke, Timo Lembach: Venture Capital und weitere Rahmenbedingungen für eine Gründungskultur, Fraunhofer ISI, 2012

von Bayern, Baden-Württemberg und Nordrhein-Westfalen. Die neuen Bundesländer fallen im Vergleich dazu weit zurück. Aber auch große Flächenländer wie Hessen und Niedersachsen sind abgeschlagen, was im Fall Hessen mit der Region Rhein-Main doch ein wenig überrascht.

Bankentwicklung allgemein

Einige Anmerkungen zur Entwicklung auf dem Bankenmarkt

Ein näherer Blick auf die Bankenlandschaft der letzten Jahrzehnte in Deutschland zeigt, dass die Zahl neuer Institute sehr überschaubar ist. Eigentlich haben es im größeren Stil nur die Direktbanken, Absatzfinanzierungsgesellschaften, Autobanken und Umweltbanken geschafft, sich am Markt durchzusetzen, also Institute, die sich auf ein bestimmtes, relativ überschaubares Segment spezialisiert haben.

Berücksichtigt man allerdings die Tatsache, dass sich die Direktbanken fast ausnahmslos im Besitz großer Bankkonzerne befinden, die Autobanken zu finanzkräftigen Industriekonzernen gehören, die Mehrzahl der Absatzfinanzierungs- und Leasinggesellschaften Bestandteil größerer Finanzkonzerne sind und auch eine Ethik- und Umweltbank wie die GLS Bank dem Verband der Genossenschaftsbanken angehört, ist auch hier die Zahl neuer, unabhängiger Anbieter sehr überschaubar. Häufig handelt es sich dabei um Töchter ausländischer Banken. Die Eintrittsbarrieren und die damit verbundenen Kosten, genannt seien nur die regulatorischen Bestimmungen, sind für neue Spieler eine große Hürde.

Insofern werden sich neue Anbieter hüten, alles aus einer Hand anzubieten, sondern sich auf bestimmte Bereiche konzentrieren, in denen sie ihre Größenvorteile und/ oder ihr spezielles Know How ausspielen können. Hierzu zählen neben Google, Amazon, PayPal und Apple auch einige FinTech Startups. Eine weitere Variante ist die Kooperation mit Banken, wie die von Alibaba in China mit der Minsheng Bank.

Interessant bzw. brisant wird künftig die Frage der Rollenverteilung sein. Wer hat den direkten Zugang zum Kunden? Sollte die Bank als Plattform Realität werden, werden sich auch hier die Rollen verschieben. Neue Erlös- und Preismodelle müssen gefunden werden.

Banking Technology berichtete vor einiger Zeit von einer Umfrage, die von dem französischen Verband der Retailbanken und Infosys durchgeführt wurde. Demnach erkennt ein großer Teil der befragten Banken in Google ihren größten (potenziellen) Mitbewerber.

In einem Interview mit der Zeitung *Die Presse*[63] sprach der Philosoph Richard David Precht von der *Superbank Google,* die demnächst die Finanzmärkte nach Belieben beherrschen könnte.

Abwarten.

---

[63] Precht: „Macht ohne Missbrauch verliert ihren Reiz“, Die Presse vom 19.10.2013

Die Banken auf den Spuren der Stahlindustrie

Als Ulrich Cartellieri, zu dem Zeitpunkt Vorstandsmitglied der Deutschen Bank, im Sommer 1990 in einem Vortrag vor Wirtschaftsstudenten der Ruhruni Bochum den Banken ein ähnliches Schicksal wie der Stahlindustrie prophezeite[64], dürfte er in einige fragende Gesichter geblickt haben. Banken auf den Spuren der Stahlunternehmen? Ein bestenfalls fiktives Szenario.
Heute, fast 25 Jahre später, sind die Parallelen noch deutlicher zu sehen.

Zwar hat sich die Prognose Cartellieris, dass die Volksbanken und Sparkassen, wie überhaupt die Regionalbanken, auf Dauer nicht mehr das gesamte Angebot an Bankdienstleistungen vorhalten können, nicht bewahrheitet. Eher trifft diese Aussage auf die Großbanken zu. Jedoch hat sich die Ertragssituation der Sparkassen und Volksbanken seitdem zumindest nicht verbessert. Filialschließungen und Fusionen unter den Regionalbanken sind nicht das Ergebnis einer Laune, sondern haben einen betriebswirtschaftlichen Grund.

Allerdings droht nun von einer anderen Seite Ungemach. Für Boris Janek befinden sich die Banken inzwischen in einer FinTech-Falle[65]. Hinzu kommt noch die Bedrohung durch Internet-Konzerne wie Apple, Google, PayPal, Amazon, Alibaba & Co. Ganz zu schweigen von den Emanzipationsbestrebungen der Kreditkartenunternehmen und des Einzelhandels. In den USA ist T Mobile bereits auf Kundenfang mit ihren Banking Services und auch die amerikanische wie auch die kanadische Post drängen in den Markt. Am Ende der Skala der Bedrohungen winkt gar das *Bankless Banking*.

Ein Tornado braut sich zusammen. In der Stahlindustrie haben, entgegen der allgemeinen Annahme, die Unternehmen besonders gut abgeschnitten, die sich auf einen bestimmten Kundennutzen konzentrierten, wie Nucor, der als Betreiber von Minihütten den Markt umkrempelte. Heute ist das Unternehmen der größte Stahlproduzent der USA.

In abgewandelter Form auch für das Banking eine mögliche Alternative.

Inhouse Banking - Die Bank im eigenen Haus

Beflügelt durch die Finanzkrise und die Fortschritte in der Informationstechnologie, sind in den letzten Jahren einige namhafte Unternehmen dazu übergegangen, eine eigene Bank für die Abwicklung des internen Zahlungsverkehrs und die Innenfinanzierung zu etablieren. Da es sich beim *Inhouse Banking* nur um Bankgeschäfte mit Mutterunternehmen oder Tochtergesellschaften handelt, sind diese Geschäfte gemäß KWG nicht aufsichtspflichtig, d.h. es ist keine Banklizenz nötig.

---

[64] Suche in allen Winkeln. Die Banken streichen Stellen, DER SPIEGEL 41/1990

[65] Boris Janek: Banken in der Fintech Falle, Blog Finance Zweinull vom 26.02.2014

Nun ist die Errichtung einer Inhouse Bank natürlich nicht für jedes Unternehmen eine sinnvolle Alternative und auch nicht nötig. Damit sich eine Inhouse Bank lohnt, sollten die folgenden Voraussetzungen erfüllt sein[66]:

- Mehrere Schwester- und Tochtergesellschaften
- Diverse Geschäfte mit Fremdwährung
- Hohe Liquiditätsüberschüsse oder Finanzierungsbedarf
- hohes Intercompany Zahlungsverkehrsaufkommen

Daneben ist die Unternehmensgröße ein weiteres wichtiges Kriterium. In der Fachpresse wird in dem Zusammenhang ein Mindestumsatz von 500 Mio. € genannt.

Der bekannteste Vertreter des Inhouse-Gedankens hierzulande dürfte wohl Siemens sein. Nur verfügt Siemens inzwischen tatsächlich über eine eigene Bank mit entsprechender Lizenz.
Parallel dazu betreibt Siemens unter dem Dach von Siemens Financial Services jedoch auch eine Inhouse Bank.

Zu den typischen Aufgaben einer Inhouse Bank im Bereich Cash Management zählen[67]

- Netting (=Optimierung von Zahlungsverkehr durch Gegenverrechnung von konzerninternen Forderungen/Verbindlichkeiten)
- Payment Factory (=Optimierung von Zahlungsverkehr durch Zentralisierung von Kreditorenzahlungen aller Konzernunternehmen)
- Cash Pooling (= Zentralisierung von Konzernliquidität, Finanzierung und Veranlagung)

Nun sind diese Tätigkeitsfelder für die Finanzabteilungen großer Konzerne kein Neuland - sie gehören schon seit Jahrzehnten zum Tagesgeschäft. Als Pionier auf dem Gebiet darf der legendäre Alfred P. Sloan gelten, der bereits in den 20er Jahren des vergangenen Jahrhunderts bei General Motors Verfahren zum Cash Management einführte, die nach wie vor gültig und State of the art sind.

Allerdings standen in der Vergangenheit führende Finanzchefs der Gründung einer eigenen Bank, wie Hans Reintges, seinerzeit Finanzvorstand des Hoechst-Konzerns, eher ablehnend gegenüber[68].

Lediglich für den Bereich der Absatzfinanzierung sah Reintges ein lohnendes Betätigungsfeld für konzerneigene Finanzierungsgesellschaften.

Jetzt wäre es natürlich ungerecht, aus der heutigen Perspektive daraus eine Nachlässigkeit abzuleiten. Für die damalige Zeit war die Entscheidung gegen die Gründung einer eigenen Bank wirtschaftlich vernünftig, zumal die regulatorischen Bedingungen andere waren und der Bankmarkt anders organisiert war als heute.

---

66 Volle Kontrolle, voller Service: Aufbau einer Inhouse Bank in der Lindner Gruppe, finance-magazin.de, letzter Aufruf vom 05.05.2014

67 Klaus Spremann: Inhouse Banking - quo vadis?, cashmonitor.com, letzter Aufruf vom 05.05.2014

68 Hans Reintges: Finanzierungsvorgänge und finanzwirtschaftliche Disposition im Konzern, in: Finanzierungshandbuch, hrsg. von F. Wilhelm Christians, 1988

Weiterhin gültig sind dagegen die generellen Aussagen von Reintges zu den Themen Berichtswesen, Cash-Management, Clearing und Bankpolitik. Damit eine Inhouse Bank etabliert werden und die in sie gesetzten Erwartungen erfüllen kann, müssen die entsprechenden Verfahren und Prozesse vorhanden sein. Ohne eine funktionierende Liquiditätsplanung und ein entsprechendes Berichtswesen wie auch eine flankierende Bankpolitik ist das Vorhaben zum Scheitern verurteilt. Auch die beste IT-Lösung wird daran nichts ändern können. Zuvor sind daher die aufbau- und ablauforganisatorischen Voraussetzungen zu schaffen, sofern sie noch nicht existieren.

Ist dies geschehen oder bereits vorhanden, steht der Einrichtung einer Inhouse Bank, neben der Erfüllung der eingangs erwähnten Voraussetzungen, eigentlich nichts mehr im Wege. Letztendlich ist es eine Frage der Unternehmenspolitik. In der aktuellen Situation, in der Unternehmen bestrebt sind, ihre Abhängigkeit von den Banken zu reduzieren, spricht mehr dafür als dagegen. Gleichwohl darf der Aufwand nicht unterschätzt werden.

Auf jeden Fall sollte nicht gegen die goldene Regel für eine Inhouse Bank verstossen werden, die besagt, nicht von der zugedachten Service-Rolle abzuweichen und sich keinesfalls als Profit-Center zu verstehen.

Limited Purpose Banks - Chancen und Risiken

Die Ereignisse der letzten Jahre haben den Wunsch nach einem Banking aufkommen lassen, das sich an den wirklichen Bedürfnissen der Kunden wie auch der Wirtschaft ausrichtet, ohne dabei auf komplizierte Produkte und Gebührenmodelle zurückgreifen zu müssen, die häufig nicht einmal die Bankmitarbeiter verstehen.
Kurzum: Banking soll endlich wieder überschaubarer werden, was nicht zwangsläufig heißen muss, dass es damit langweilig wird.

Beste Vorraussetzungen also für "Limited-Purpose Banks" - sollte man meinen. Limited-Purpose Banks zeichnen sich durch ein hohes Maß an Spezialisierung aus - klassische Nischen-Anbieter, wie Autobanken, Leasing- und Absatzfinanzierungsgesellschaften, WP-Abwicklungsbanken, Konsumentenfinanzierer, Kreditkartenunternehmen, Hypothekenbanken, Bürgschaftsbanken, Direktbanken ebenso wie Umweltbanken.
In den letzten Jahren neu hinzugekommen sind die Banken bzw. Finanzierungsgesellschaften, deren Geschäftsmodell mittels social technology ausschließlich digital ausgerichtet ist wie die Fidor Bank oder Kreditplattformen wie auxmoney und smava.

Chiwon Yom kam in seiner Untersuchung der Performance verschiedener Limited-Purpose-Banken aus dem Jahr 2005[69] zu einem durchwachsenen Ergebnis.
Analysiert wurden Kreditkarten-Banken, Subprime-Mortgage-Finanzierer und Internet-Banken. Es ist nicht (mehr) allzu verwunderlich, dass die Mortgage-

[69] Chiwon Yom: Limited Purpose Banks: Their Specialites, Performance, and Prospects, FDIC Banking Review 2005, Volume 17, Nr. 1

Finanzierer schon damals besonders schlecht abschnitten, gefolgt von den Internet-Banken. Als besonders profitabel erwiesen sich dagegen die Kreditkarten-Banken.

Die Internet-Banken konnten zum damaligen Zeitpunkt die in sie gesetzten Erwartungen nicht erfüllen. Zwar verfügten sie auf den ersten Blick gegenüber den etablierten (Filial-)Banken über den Vorteil geringerer Alt-Lasten, jedoch konnten sie ihren technologischen Vorsprung nicht in einen ausreichenden Gewinn ummünzen. Zu groß war auch hier bereits der Kostenapparat, bestehend aus IT-Infrastruktur und Personal. Die Erlöse aus Zinseinnahmen waren im Vergleich zu den anderen untersuchten Limited-Purpose-Banken gering, was ja auch so gewollt war, da die Internet-Banken mit hohen (Guthaben-) Zinsen, geringen Kredit-Zinsen und günstigen Konditionen warben. Auch die Einnahmen aus Provisionen, Gebühren und Service-Leistungen konnten hier für keinen Ausgleich sorgen. Erschwerend kamen die hohen Kosten der Internet-Banken für die eigene Finanzierung hinzu. Weiterhin schlugen die im Vergleich zu anderen Banken deutlich höheren Kosten für Werbung und Marketing zu Buche.
Als weiteren Nachteil der Internet-Banken wertete Yom die fehlende persönliche Beziehung zu ihren Kunden. Die herkömmlichen Banken hatten gegenüber den Internet-Banken den großen Vorteil, wertvolle Informationen aus den z.T. langjährigen Kundenbeziehungen gewinnen zu können, die eine valide Einschätzung der Bonität wie auch die Lancierung gezielter Angebote ermöglichten. Der Einsatz von Data-Mining durch die Internet-Banken konnte diesen Nachteil zum damaligen Zeitpunkt nicht aufwiegen.

Viele der genannten Defizite der Internet-Banken gelten noch heute, wenngleich sich die Branche und die technologischen Möglichkeiten deutlich gewandelt haben.
Bisher arbeiten nur wenige Anbieter, die ihre Bankdienstleistungen ausschließlich über das Internet anbieten, profitabel.
Eine ernstzunehmende, neue Bedrohung für die Banken sind die diversen Non-Banks, wie Google, Amazon, Apple, Alibaba & Co. ebenso wie die unzähligen FinTech-Startups, die die Wertschöpfungskette der Banken aufbrechen. Das Zusammenspiel der neuen Akteure, gepaart mit den neuen technologischen Entwicklungen wie Mobile Wallet, PFM und Digitale Währungen sind die größte Bedrohung.

Reine Internet-Banken werden es auch künftig schwer haben, es sei denn, es gelingt ihnen, ein Ökosystem aufzubauen, das für die kritische Masse sorgt.
Eine andere Frage ist, ob die Bank als digitale Plattform noch genügend Raum für Nischen-Anbieter lässt. Ebenso wichtig ist und bleibt die Kostenfrage: Wie kann eine Bank mit einem leicht verständlichen und auf eine bestimme Zielgruppe abgestimmten Geschäftsmodell, das die Möglichkeiten der Digitalisierung nutzt, profitabel arbeiten, ohne dabei nur schwer kalkulierbare Risiken einzugehen? Mit profitabel arbeiten ist hier nicht Gewinnmaximierung gemeint.
Wertvolle Hinweise lassen sich dem Paper *Produktivität in Banken: Warum das CIR in die Irre führt*[70] von Jürgen Moormann u.a. entnehmen.

Vielleicht ist aber auch der Begriff des Limited-Purpose Banking nicht ausreichend: Über ein klares und leicht verständliches Geschäftsmodell zu verfügen, bedeutet ja

---

[70] Burger, A./ Frohmüller, K.P. / Moormann, J. (2008), Produktivität in Banken. Warum die CIR in die Irre führt, in: BankArchiv 56

nicht zwangsläufig, nur ein bestimmtes Segment bedienen zu können, also nur Kredite oder nur Retail usw. Über Kooperationen und/oder offene Schnittstellen (Open API) ließe sich das Angebot ausweiten, ohne gleich hohe Investitionen tätigen zu müssen. Allerdings ist hier der Koordinationsaufwand nicht zu unterschätzen.
Auch sollte eine Bank, deren Geschäftsmodell fast durchgängig digital unterstützt wird, Möglichkeiten bieten, mit ihr in direkten, physischen Kontakt zu treten; ein Punkt, den auch die erwähnte Untersuchung von Yom hervorhebt.

Neben einem verständlichen Geschäftsmodell mit entsprechendem Erlös- und Preismodell ist eine verantwortungsvolle Risikopolitik entscheidend für den Erfolg, also letztlich die Frage: Welche Geschäfte machen wir, und welche nicht?

Pfadabhängigkeiten im Banking - Wege aus der Sackgasse

Das Thema Pfadabhängigkeit beschäftigt Volks- und Betriebswirte gleichermaßen. Letztendlich läuft es auf die Frage hinaus, inwieweit Investitionen in Maschinen, Gebäude, Infrastruktur, Technologien, Humankapital, Bildungssysteme ebenso wie Subventionen dazu beitragen, die Abhängigkeit eines Landes, der Unternehmen von bestimmten Branchen zu erhöhen. Je länger die Phase der, wie es auch heisst - transaktionsspezifischen Investitionen - anhält, um so schwieriger fällt dann der "Strukturwandel", wie wir es hierzulande seit Jahrzehnten am Beispiel des Ruhrgebiets mit verfolgen können.

Bereits vor Jahren zog Ulrich Cartellieri, seinerzeit Vorstandsmitglied der Deutschen Bank, den Vergleich zwischen der Stahlindustrie und der Bankenbranche.
An kaum einer anderen Stelle wird die Pfadabhängigkeit im Banking so deutlich wie in der IT-Landschaft - Stichwort: Altsysteme. Weitere Anhaltspunkte liefert die Geschäftsarchitektur.

Daneben sind es aber auch kulturelle Faktoren, die das Organisationsgedächtnis geprägt haben und dafür sorgen, dass der Wandel in den Einstellungen (Mind Sets) der Mitarbeiter wie auch der Verfahren und Regeln, ganz gleich ob formeller oder informeller Art, nur sehr langsam erfolgt. Eine wichtige Ursache für Pfadabhängigkeiten im Banking ist das Dauerthema Regulierung.

Weitere interessante Gedanken zum Thema stammen von dem Harvard-Ökonomen Ricardo Hausmann, der die verschiedenen Stilarten in der internationalen wirtschaftlichen Entwicklung mit der Funktionsweise des Gehirns im Zusammenhang bringt[71]. Basierend auf den Forschungen des IT-Unternehmers und Neurowissenschaftlers Jeff Hawkins glauben Hausmann mit seine Kollegen für eine bestimmte Stadt oder ein Land vorhersagen zu können, welche Industriezweige neu entstehen, und welche innerhalb der nächsten zehn Jahre verschwinden, wachsen oder schrumpfen werden. Nach seiner Ansicht bestimmt die Wirtschaftsgeschichte eines Ortes, einer Region die weitere Entwicklung. Ziel ist es, aus diesen Erfahrungen zu lernen und sich bewusst zu machen, welche Schritte nötig sind, um

---

[71] Ricardo Hausmann: Was die Wirtschaftswissenschaften vom Gehirn lernen können, Finanz und Wirtschaft 17.02.2014

die gewünschte Wirtschaftsstruktur zu bekommen oder welche Gründe dafür sprechen, vom ursprünglichen Vorhaben Abstand zu nehmen.

Angesichts des "Neuro-Hypes" ist bei Aussagen, wie von Hausmann und Hawkins, eine gesunde Skepsis angebracht. Jedoch sind die Thesen zumindest plausibel. Die Wirtschaftsgeschichte liefert weitere Belege. Vollständig erklären oder gar vorhersagen lässt sich die wirtschaftliche Entwicklung damit m.E. aber nicht. Externe Ereignisse und Schocks, geopolitische Machtverschiebungen wie leider auch Kriege können die wirtschaftliche Entwicklung in eine unvorhergesehene Richtung lenken.

Für das Banking sei nur die Finanzkrise genannt. Alles in allem zeigt das Thema Pfadabhängigkeit, wo die Probleme für die Banken angesichts der neuen Herausforderungen liegen und warum der Wandel nicht einfach und für einige Banken über kurz oder lang das Aus bedeuten wird.

Für die Banken besteht der Reiz der verschiedenen Ansätze, insbesondere von Hausmann und Kollegen, darin, aus den Erfahrungen, Fehlern und Erfolgen der eigenen aber vor allem auch anderer Branchen zu lernen - nicht nur von der Stahlindustrie.

Bankgründung als Mittel der Wahl?

Von Berthold Brecht stammt der Satz: *Was ist der Einbruch in eine Bank gegen die Gründung einer Bank?*[72]

Der Satz bzw. die Frage suggeriert, dass die Gründung einer Bank ein vergleichsweise leichtes und risikoarmes Unterfangen ist. Quasi die Lizenz zum Geldrucken.

Weit gefehlt.

Schaut man sich die Zahl der erfolgreichen Bankgründungen der letzten Jahre an, macht sich Ernüchterung breit.

Allein die regulatorischen Anforderungen, die ein Finanzinstitut mit Banklizenz zu erfüllen hat, sorgen für einen Aufwand, der erst einmal verdient sein will. Ganz zu schweigen von den Aufwendungen für die IT, Werbung, das Personal und das Risikomanagement, die mit wachsendem Geschäftsvolumen exponentiell zu steigen pflegen.

Die Startbedingungen für eine neue Bank sind daher denkbar ungünstig. Weder über die Kosten noch über die Differenzierung lässt sich gegenüber den etablierten Banken ein Vorsprung erzielen, der sich in einen auskömmlichen Gewinn ummünzen lässt. Das gilt zumindest für Bankgründungen, die dem Universalbankprinzip folgen, wenn auch mit überschaubarem Produktangebot und zunächst schlanken Strukturen.

---

[72] Dreigroschenoper

Auch die Digitalisierung des Bankgeschäfts wird daran m.E. nichts wesentlich ändern.

Erfolgsversprechender ist die Spezialisierung auf ein Gebiet, auf dem die Bank über ein herausragendes Know How verfügt, in erster Linie die sog. Intangibles.

Noch besser ist es, auf den Status einer Bank zu verzichten, d.h. ohne Banklizenz auszukommen und sich wie einige FinTech Startups oder Finanzierer wie Can Capital oder ZestFinance auf bestimmte Aktivitäten der Wertschöpfungskette zu konzentrieren. Oder man wählt wie Alibaba den Weg über Kooperationen mit Banken.

Oder man verfügt über genügend technologisches Know How und Finanzkraft, um sein eigenes Ökosystem zu bilden, wie Google, Apple oder Amazon. Oder die Crowd schafft es aus eigener Kraft eine Plattform für die Abwicklung von Bankgeschäften zu etablieren.

Ambidextrous Banking

Kann man als Bank das eine tun, ohne das andere zu lassen? Anders formuliert: Lassen sich die Anforderungen des Tagesgeschäfts mit den Herausforderungen der Zukunft kombinieren? Konkret: Ist es möglich, neben der Umsetzung der regulatorischen und aus dem normalen Geschäftsbetrieb sich ergebenden Anforderungen auch Projekte im größeren Umfang zu betreiben, die sich mit technologischen und sozialen Innovationen beschäftigen, die das Banking in Zukunft prägen werden?

Einige Banken, wie die BBVA mit Bank Simple, Westpac mit SocietyOne und zum Teil auch Cortal Consors mit der Hello Bank! scheinen diesen Weg zu beschreiten, d.h. sie agieren beidhändig, ambidextrous, wie es in der Literatur inzwischen heisst.
Organisationen, die beidhändig agieren, kombinieren verwertende (exploitative) und erkundende (explorative) Einheiten bzw. Tätigkeiten miteinander. Die verwertende Einheiten und Tätigkeiten lassen sich unter dem Tagesgeschäft zusammenfassen, wohingegen die erkundenden zum Bereich Forschung und Entwicklung (Business Development) zählen.

Die Erfahrungen aus der Industrie sind, so Charles O' Reilly und Michael L. Tuchman[73], durchweg positiv, d.h. Unternehmen, die beidhändig agieren, wie 3M, verfügen über eine deutlich bessere Innovationsrate und finanzielle Performance als Unternehmen, die vorrangig einhändig, auf die Verwertung bestehender Produkte und Dienstleistungen fixiert sind.

Auch für die Banken bietet sich diese Organisationsform (Ambidextrous Banking) an, um auf Tuchfühlung mit der technologischen und sozialen Entwicklung zu bleiben. Fast schon eine Überlebensfrage. Die BBVA und Westpac dürften bald Nachahmer finden.

---

[73] Charles A. O'Reilly III, Michael L. Tushman: Organizational Ambidexterity: Past, Present and Future May 11, 2013

Szenarien für das Banking der Zukunft

Die Bank als digitale Plattform - Versuch einer Begriffsklärung

Der Begriff der Plattform zählt zu jenen, die für die Bezeichnung verschiedener Sachverhalte verwendet werden. In dem vorliegenden Beitrag orientiere ich mich an der Definition der Online-Plattform[74]. Zwar existiert auch hier keine allgemein gültige Beschreibung, jedoch reichen die vorhandenen Erläuterungen für ein halbwegs sicheres Fundament aus.

Allgemein gesagt handelt es sich bei einer Online-Plattform um einen Ort im Internet, an dem verschiedene Menschen und Organisationen zusammenkommen, um ein gemeinsames Ziel zu verfolgen, Informationen auszutauschen und aus der Interaktion einen Nutzen bzw. einen Gewinn zu ziehen. Der Nutzen muss dabei nicht zwangsläufig rein materieller Natur sein, wie die Crowdfunding- und die vielen anderen Plattformen zeigen, auf denen Dienstleistungen gegen Tausch angeboten werden. Daneben bietet die Plattform für die Kunden und Unternehmen die Möglichkeit, an der Produktentwicklung mitzuwirken (Co-Creation). Für gewöhnlich verfolgen die Teilnehmer eine Gewinnabsicht in materieller d.h. finanzieller Form über Erlöse aus dem Verkauf von Produkten oder Dienstleistungen, Gebühren für die Abwicklung von Transaktionen, für die Geschäftsvermittlung und für die Nutzung der technischen Infrastruktur und Services. Bedingung für die Teilnahme an bzw. den Zugang zu einer Online-Plattform ist die Registrierung und damit die Feststellung der persönlichen Legitimität oder der einer juristischen Person. Ein Mitgliedsbeitrag oder ein einmalig zu entrichtender Betrag für den Zutritt zur Plattform kann hinzu kommen.

Die Bank als Online-Plattform wäre nach der vorliegenden Definition ein Ort im Internet, an dem verschiedene Teilnehmer zusammenkommen, um Bank-und Finanzgeschäfte abzuwickeln, Rat einzuholen bzw. zu geben, Informationen auszutauschen oder an der Produktentwicklung mitzuwirken. Dazu zählen:

- Banken
- Versicherungen
- Spezialanken und Finanzierer
- Kunden (Privat, Geschäftskunden, Institutionelle Anleger)
- Einzelhändler
- Reisebüros
- Berater (Finanzen, Recht, Unternehmensberatungen)
- Telekommunikationsunternehmen
- Lieferanten von Finanzinformationen
- Anbieter von Banken- und CRM-Software im White-Labeling / Outsourcing
- Rechenzentren
- Plattformen für Open Innovation / Co-Creation
- Anbieter mobiler Bezahldienste (Mobile Payments)
- Anbieter von Mehrwertdiensten (Mobile Couponing, Mobile Loyalty)

---

[74] Tobias Kollmann: E-Community, wirtschaftslexikon.gabler.de

- Junge und aufstrebende IT- und Softwareunternehmen mit Angeboten für bestimmte Dienste (z.B. für das Personal Finance Management)
- Auf bestimmte Bereiche des Bankgeschäfts spezialisierte Anbieter wie Kabbage, Ezbob und Kreditplattformen (Auxmoney, Smava, LendingClub)
- Anbieter von Mobile Wallets
- Der oder die verantwortlichen Betreiber

Hierbei handelt es sich um idealtypische Annahmen. In der Realität werden bestimmte Rollen einen größeren Raum einnehmen als andere. Im Idealfall wäre die Bank als digitale Plattform in der Lage, alle Wünsche eines Bankkunden zu erfüllen, d.h, Überweisungen, Gutschriften von Coupons, Finanzierungen (Konsumentenfinanzierung, Baufinanzierung, Autofinanzierung, Unternehmensfinanzierung), Wertpapierhandel bis hin zur Vermögensverwaltung/ Private Banking. Ebenso zählt die Verrechnung der Gebühren und der Erlöse auf die Teilnehmer dazu. Vom Typ her eine Universalbank, ohne dass noch eine einzelne Bank dahinter steht. Die technische Anbindung erfolgt über offene Schnittstellen (Open API). Die Bank als digitale Plattform hat Ähnlichkeit mit einem App Store, wie den von Apple oder Google.

Geklärt werden muss noch die Frage des Risikomanagements, und zwar nicht nur im Sinne der Gesamtbanksteuerung, was schon umfangreich genug ist, sondern auch im Blick auf die Fragen der technologischen Risiken, wie der nicht-funktionalen Anforderungen (Sicherheit, Hochverfügbarkeit, Ausfallsicherheit, Cashing, Matching- und Scoring-Algorithmen). Zum Risikomanagement zählen auch die aufsichtsrechtlichen Bestimmungen (Meldewesen). Wer übernimmt diese Rolle ? – das kann Stand heute nur eine Bank sein.

Neben der Frage nach dem passenden Geschäftsmodell stellt sich im nächsten Schritt die der Steuerung/Koordination. Das ist die wohl größte Herausforderung.

Die Idee der Bank als digitale Plattform schon sehr weit in die Praxis umgesetzt hat die Credit Suisse mit ihrer Lösung eamXchange, die im März 2013 Jahres live ging.

Sind die Banken die Verlierer des digitalen Zeitalters?

Im Jahr 2000 veröffentlichten Hanno Beck und Aloys Prinz in der *Zeitschrift für das gesamte Kreditwesen* den Beitrag *Sind Banken die Verlierer des digitalen Zeitalters? Zur Zukunft der Finanzintermediäre*[75]. Darin kamen sie zu dem Schluss, dass trotz aller ernstzunehmenden Bedrohungen durch das Internet, die Banken in ihrer Rolle als Finanzintermediäre bis auf weiteres nicht zu ersetzen sind.
Als Gründe nannten sie u.a. die Reputation, die Expertise und die Funktion der Banken als Kapitalsammelstelle.

Seit 2007 hat sich das Bild z.T. gravierend gewandelt. Die Reputation hat ebenso wie die Expertise schweren Schaden genommen und die Rolle als "Hüter des Geldes" gleitet den Banken langsam aber sicher aus den Händen. Die Disintermediation schreitet voran. Eine Zukunft ohne Banken ist nicht mehr nur vorstellbar, sie nimmt immer konkretere Formen an.

---

[75] Hanno Beck und Aloys Prinz: Sind Banken die Verlierer des digitalen Zeitalters? - Zur Zukunft der Finanzintermediäre, Zeitschrift für das gesamte Kreditwesen, Vol. 53, 2000, 20

Die Kunden gehen dazu über, die Sache selbst in die Hand zu nehmen. Mittels Crowdfunding werden die Banken bei der Kapitalbeschaffung umgangen; man hilft sich stattdessen gegenseitig. Derzeit erleben wir im Netz an vielen Stellen eine Renaissance des Genossenschafts-Gedankens - Hilfe zur Selbsthilfe. Banking mit Freunden, wie es die Fidor Bank nennt.

Eine wachsende Anzahl von Unternehmen wendet sich inzwischen mit eigenen Anleihen direkt an den Kapitalmarkt und noch immer gibt es Unternehmen, die dafür bekannt sind, für die Finanzierung auf keine Bank angewiesen zu sein, wie der Beck-Verlag, Haribo, Miele, C&A und andere. Die Innenfinanzierung hat für diese Unternehmen eine große Bedeutung. Das *Inhouse Banking*, das sich im Mittelstand wachsender Beliebtheit erfreut, macht die Unternehmen ebenfalls unabhängiger von den Banken.
Dank der Möglichkeiten des Internet finden Kapitalgeber und Kapitalnachfrager schnell und sicher zueinander, ohne dafür noch einen Mittelsmann wie eine Bank zu benötigen. Alles, was man dafür braucht, ist eine Vermittlungsplattform - wie *Licuos, Xendpay, Kantox, Kabbage* und *Ezbob.*

Amazon vergibt bereits seit einiger Zeit Kredite an seine Händler und PayPal macht sich daran, dem Beispiel zu folgen. Auf Basis der Informationen, die Amazon und Paypal durch die Kundenbeziehungen quasi frei Haus zur Verfügung stehen, bleibt das Risiko überschaubar.

Einzig die regulatorischen Bestimmungen sind es noch, die der völligen Disintermediation einen Riegel vorschieben.

Die Banken werden ihre Rolle neu definieren müssen und sich nicht nur als "Hüter des Geldes", sondern als Katalysator für die "Realwirtschaft" positionieren, so wie die *Mondragon-Bank*. Die Bank als Plattform-Anbieter. Ein Spieler unter vielen, Bestandteil eines Ökosystems, in dem Skaleneffekte und die industrielle Logik nur noch von untergeordneter Bedeutung sind.

Szenarien für das Banking der Zukunft

Vieles deutet darauf hin, dass sich das Geschäftsmodell der Banken in der Phase befindet, die Adrian Slywotzky als "Value Outflow"[76] bezeichnet hat. Charakteristisch für diese finale Entwicklungsstufe eines Geschäftsmodells ist die Verlagerung der wertschöpfenden Aktivitäten vom eigenen Unternehmen hin zu neuen Anbietern/ Geschäftsmodellen, welche die Bedürfnisse der Kunden besser erfüllen.

Die Zahl neuer Anbieter in der Finanzbranche, die mit neuen Geschäftsmodellen den Markt aufwirbeln, steigt jedenfalls. Mit ihren Geschäftsmodellen sorgen Kabbage, PayPal, Lending Club & Co. dafür, dass die Disintermediation voranschreitet.

In den Banken bleibt diese Entwicklung selbstverständlich nicht unbeobachtet. Dort ist man sich der Bedrohung durchaus bewusst und spielt einige mögliche Szenarien

---

[76] Adrian Slywotzky: Value Migration. How to think several moves ahead of the competition, 1996

durch, wie im Innovation Lab bei Wells Fargo[77] und in der *Innovation Factory* der Credit Suisse[78].

Miranda Hill von Wells Fargo zeichnet ein Szenario, in dem die Bankservices in den digitalen Alltag der Kunden so integriert werden, dass der Unterschied zu anderen Dienstleistungen nicht mehr auffällt. Die Grenzen verwischen; die Bank als Teil eines umfassenden digitalen Ökosystems.

Dieses Ökosystem könnte so aussehen, dass die Banken ihre Infrastruktur und ihr Know-How zur Verfügung stellen und als klassischer Vermittler dafür sorgen, dass Angebot und Nachrage auf effiziente Weise zueinander finden. Im Vordergrund stehen dabei nicht die eigenen Produkte, sondern die für den Kunden passenden Lösungen. Hierfür organisiert die Bank ein Netz von Partnern, deren spezielles Know How, sei es fachlicher oder technischer Art, bei Bedarf zur Verfügung gestellt wird. Das können Softwareanbieter für das Personal Finance Management, Lieferanten von Finanzinformationen und/oder Anbieter alternativer Finanzierungsformen (P2P Lending/Crowdfunding) sein.
Bezahlt würden die Banken für ihre Vermittlungsdienste.

Ein derzeit wohl plausibleres Szenario sieht vor, dass die Banken sich, in der Sprache der Bank-IT formuliert, auf die Bereiche Front End, Middleware und Back End konzentrieren, d.h. die Bank, die alles aus einer Hand anbietet, gehört der Vergangenheit an. Stattdessen haben wir Institute, die sich auf die reine Transaktionsverarbeitung und die Einhaltung der regulatorischen Bestimmungen sowie Fragen der Sicherheit konzentrieren. Hier kommen die Skaleneffekte zum Tragen. Das Risikomanagement und die Verwertung/Analyse der Daten übernehmen ebenfalls spezialisierte Anbieter. Inwieweit die Cloud-Technologie zur Anwendung kommt, bleibt noch abzuwarten.
Im Bereich der Middleware werden Anbieter wie Yodlee eine Schlüsselrolle übernehmen, die ihre Lösungen als White Label zur Verfügung stellen.

Entscheidend aber wird das Front End sein. Hier können Anbieter wie Moven oder die Bank Simple flexibel auf die Kundenbedürfnisse eingehen. Ergänzt wird das Angebot im Front End durch die Lösungen unabhängiger Anbieter im Bereich Personal Finance Management wie figo, Finanzblick und Crealogix. Die Banken klinken sich mit ihren Dienstleistungen in das Front End ein. Die Erlösstruktur würde die neue Rollenverteilung widerspiegeln, d.h. die Anbieter im Front End und die Transaktionsabwickler und Risikoverarbeiter würden den größten Anteil bekommen. Ob sie auch den größten Gewinn machen, steht auf einem anderen Blatt.

Ein weiteres Szenario ist die Renaissance des Genossenschaftsgedankens in der Weise, dass der regionale Bezug, die Hilfe zur Selbsthilfe und die Gemeinnützigkeit n den Vordergrund treten. Beispiele hierfür sind die Mondragon-Bank, die Volksbank Bühl, die Fidor Bank und die Sparda Bank München. Die Bank nicht mehr in erster Linie als Hüter des Geldes, sondern, wie es bei der Mondragon-Bank heisst, als

[77] What's in Wells Fargo's Innovation Lab, Interview mit Mirinda Hill, American Banker vom 24.07.2013 (Video)

[78] Banker's Business: Keep the Wheels Turning vom 04.06.2013

Katalysator für die heimische Wirtschaft, oder übertragen auf das digitale Zeitalter: die Community.

Weiterhin wird sich der Trend hin zu einem anderen Anreizsystem in den Banken verstärken. Für vorbildlich halte ich in dem Zusammenhang Svenska Handelsbanken.

Ein Szenario, das noch deutlich weiter geht, ist das des Bankless Banking, wie es im Jahr 2030 Wirklichkeit sein könnte[79].

Alles in allem löst die Verlagerung der Wertschöpfung im Banking an vielen Stellen gleichzeitig einen Veränderungsdruck bei den etablierten Anbietern aus. Es wird die Banken einige Anstrengung kosten, um zu verhindern, dass sie in ihrem angestammten Geschäft nur noch eine Statistenrolle einnehmen.

Jedoch lauern hier nicht nur Risiken, sondern auch Chancen, die darin bestehen, dass die Banken ihre Rolle neu definieren. Vielleicht übernehmen sie künftig wieder die klassische Rolle des Bankiers - moderne Finanzdiplomaten.

Die Bank als Plattform nimmt Fahrt auf

Wie sehr die Idee, die Bank als Plattform zu betrachten, Gestalt annimmt, zeigte der Beitrag *New Yodlee Platform ' ims to Speed Up Innovation for banks*[80]. Darin berichtete Jonathan Camhi von Yodlees neuer Plattform, die es Banken erlaubt, Applikationen von Lösungsanbietern schnell und einfach in ihre Systemlandschaft zu integrieren.
Im Internet konnte ich dazu keine weiteren Informationen finden, auch nicht auf der Homepage von Yodlee. Insofern ist die Quellenlage hier (noch) unklar.
Plausibel ist die Meldung jedoch allemal, passt sie doch gut zu anderen Aussagen[81], die Yodlee seit einiger Zeit von sich gibt.
Die neue Plattform soll als App Store für Banken fungieren. Damit erhalten Banken einen direkten Zugriff auf die neuesten Entwicklungen, brauchen demnach selbst keine ausgedehnten Anstrengungen mehr in diese Richtung zu unternehmen. Outsourcing der Innovation quasi.

Eine ähnliche Philosophie wie Yodlee verfolgt im Back End Open Solutions, inzwischen Bestandteil von Fiserv, mit ihrer *DN' Platform.*

Die Zeit monolithischer Blöcke und geschlossener Systeme, sowohl was die Systemlandschaften als auch was die Unternehmensorganisation angeht, geht dem Ende entgegen. Die API-Revolution rollt heran. Schwieriger als die technische Seite ist m.E. die Frage der Organisation, d.h. welche Änderungen in den

---

[79] Heinrich Fendt: Bankless Banking 2013. Eine Transformationsstory

[80] Jonathan Camhi: New Yodlee Platform Aims to Speed Up Innovation for Banks, Banktech vom 5.09.2013

[81] Marcus Wohlsen: The Banks of Tomorrow: Think Google and Facebook, Wired vom 22.08.2013

Organisationsstrukturen, im Organizational Design, der Banken und/oder der Plattformen sind nötig, um den Wandel erfolgreich zu meistern.

Derzeit ist noch wenig Literatur zu dem Thema vorhanden. Einen ersten Wurf liefert Dave Gray mit [82]. Das Problem der meisten Unternehmen und Banken besteht nach Ansicht von Gray darin, dass sie noch immer uni-direktional arbeiten, d.h. die Aktionen gehen vom Unternehmen zum Kunden, direktes Feedback, unmittelbare Interaktion mit den Kunden ist nicht vorgesehen. Dazu sind die Prozesse auch nicht geeignet, da sie noch immer der Logik des Industriezeitalters im Sinne von Effizienz und Standardisierung verhaftet sind. Jegliche unvorhersehbare, spontane Reaktion von außen ist darin nicht vorgesehen, sie würde den geordneten Ablauf ohnehin nur gefährden. Service-orientierte Unternehmen, die in Zukunft das Bild dominieren werden, folgen einem grundlegend anderen Denken.

Nicht alle Unternehmensbereiche müssen in dieser Weise organisiert sein. Es bleiben auch weiterhin Zonen der Stabilität, Grave nennt sie Back Stage. Auf die Terminologie der Bank-IT übertragen: Back End. Im Front End dagegen sind dagegen Flexibilität und hohe Anpassungsfähigkeit erforderlich.

Damit zeichnet sich eine Entwicklung ab, die dazu führen kann, nicht unbedingt muss, dass die klassischen Banken ins Back End abgedrängt werden, während im Front End Plattformen wie von Yodlee die Regie übernehmen. Im Back End könnte sich der Plattform-Gedanke durch Lösungen wie von Open Solutions - DNA und der Cloud-Technologie etablieren. Die Bank als App Store. Gar nicht so abwegig. Das würde die Bankenlandschaft deutlich verändern.

Die Bank als Plattform, als Ökosystem, hätte dann vor allem die Aufgabe, für *Systeminnovation* zu sorgen.

Kommt die iBank?

Sei einiger Zeit schon werden Gedankenspiele zu einem Markteintritt von Google, Amazon und Apple in das Bankgeschäft durchgeführt.

Alle genanten Unternehmen verfügen über ausreichend technologische und finanzielle Schlagkraft, um einen Einstieg in das Bankgeschäft ins Auge zu fassen. Google hat sich erst kürzlich mit 125 Millionen Dollar an dem P2P-Anbieter Lending Club[83] beteiligt. Was die Zahlungsabwicklung angeht, stehen Amazon, Google und Apple den klassischen Banken in nichts nach.

Bei Apple kommt mit den Apple Stores noch das Filialnetz hinzu. Gute Voraussetzungen also .. Auch an Finanzkraft mangelt es Apple nicht. Im Oktober vergangenen Jahres wurde bekannt, dass Apple über seine Tochtergesellschaft

---

[82] Dave Gray: The Connected Company, 2012

[83] Google Takes Minority Interest in Lending Club, Homepage LendingClub vom 02.05.2013

Braeburn Capital den größten Hedgefonds der Welt besitzt[84] - das verwaltete Vermögen betrug damals schon 117 Mrd. Dollar.

Die Gegenüberstellung der Vor- und Nachteile ist Kris Hansen[85] gut gelungen. Auch die Schlussfolgerung, die er zieht, ist plausibel. So überwiegen für ihn die Argumente für einen Markteintritt von Apple in das Retail-Banking.

Einwenden kann man dagegen grundsätzliche Bedenken. So ist das Geschäftsmodell eines Zahlungsabwicklers und reinen Intermediärs ein ganz anderes als das einer "klassischen" Bank. Banken sind und bleiben in erster Linie *Risikohändler* (Niklas Luhmann); ein Geschäft, das seine eigenen Anforderungen bzw. Herausforderungen hat. Da betreten Apple, Google, Amazon & Co Neuland.

Aber selbst Unternehmen, deren Geschäftsmodell dem herkömmlichen Bankgeschäft sehr nahe ist, wie Versicherungen, holen sich bei ihren Ausflügen in das Banking fast durchweg eine blaue Nase - erinnert sei an die Liaison der Aachen Münchener mit der BfG und die der Allianz mit der Dresdner Bank wie auch die Erfahrungen mit der eigenen Allianz-Bank. Die Idee vom Allfinanzkonzern wartet bis heute auf ihre erfolgreiche Umsetzung.

Das muss nicht zwangsläufig bedeuten, dass der iBank kein Erfolg beschieden ist. Herausragende Technologie, ansprechendes Design, perfektes Marketing und geballte finanzielle Schlagkraft, so wichtig sie sind, reichen alleine nicht aus, um das Bankgeschäft zu revolutionieren.

Entscheidend ist eher die Frage, ob es Apple, Google, Amazon und Co gelingt, die Risiken genau so gut oder noch besser zu managen als die klassischen Banken. Sollte die Öffentlichkeit irgendwann diesen Eindruck gewinnen, dann wird es tatsächlich sehr eng für die etablierten Banken.

Google-Bank ante portas?

Im *Handelsblatt* stellten die Autoren Sebastian Ertinger und Christof Kerkmann ein Szenario vor[86], das die potenziellen Auswirkungen darstellt, die mit der Gründung einer Google-Bank für die Branche verbunden sein könnten.

Die Argumentation ist ebenso plausibel wie die Annahmen berechtig sind. Es ist naheliegend den Vorteil von Google in der bedarfsgerechten Bereitstellung und dem Filtern von Informationen zu sehen. In gewisser Hinsicht sind auch Banken Informationsbroker. Bisher konnten die Banken hier eine Art Monopolstellung für sich beanspruchen, die mit dem Aufkommen des Internets und der Suchmaschinen, wie vor allem Google, wenn überhaupt, dann nur in deutlich reduziertem Umfang besteht. Allerdings haben die Banken i.d.R. noch immer den tieferen Einblick in die finanzielle

---

[84] Apple besitzt den größten Hedgefonds der Welt, insidte-it vom 08.10.2012

[85] Kris Hansen: The iBank of Apple: Arguments for and against Apple entering retail banking, Core Banking Blog vom 11.06.2013

[86] Sebastian Ertinger und Christof Kerkmann: Willkommen bei der Google-Bank!, Handelsblatt vom 20.06.2013

Situationen und die Gewohnheiten ihrer Kunden. Um den Vorteil nicht völlig zu verspielen, rüsten die Banken auf der IT-Seite mit CRM-Systemen und anderen analytischen Applikationen auf.

Banken sind jedoch mehr als "nur" Informationsbroker, zumal der Ansatz seine Grenzen hat. Hauptaufgabe der Banken ist und bleibt die Risikotransformation. Hier besitzen die Banken noch! einen Vorteil gegenüber neuen Mitspielern, die technologisch weit voraus sind und auch kapitalmäßig einiges an Gewicht auf die Waage bringen.

Hier verläuft derzeit noch die Grenzlinie, die auch Google & Co. nur schwer und mit großem Aufwand und hohem Lehrgeld werden überschreiten können.
Aber selbst wenn sie sich "nur" auf die Bereiche konzentrieren, in denen sie gegenüber den Banken einen nahezu uneinholbaren Vorsprung haben, wie im Informationsmanagement und in der Abwicklung des Zahlungsverkehrs, könnte der Kuchen für die Banken künftig deutlich kleiner werden. Als Zwischenhändler könnten Google & Co. einiges "abgreifen".

New Banking: Alles nur eine Frage der Enterprise Architecture?

Um bei der nicht nachlassenden Veränderungsgeschwindigkeit im Banking nicht die Übersicht zu verlieren, heben viele Kommentatoren und Berater den Nutzen der Enterprise Architecture hervor. Mittlerweile hat sich die "Disziplin" des Enterprise Architecture Management (EAM) etabliert, die eine gezielte Bewirtschaftung (nicht nur) der Systemlandschaften verspricht.

Bei der Frage, was jetzt genau unter einer Enterprise Architecture zu verstehen ist, weichen die Vorstellungen mitunter ab. Bestandteile sind für gewöhnlich die Geschäftsarchitektur, die Prozessarchitektur, die Informationsarchitektur bis hin zur IT-Architektur.
Eigentlicher "Vater" des Gedankens bzw. der Idee ist John A. Zachman, auf den das gleichnamige Framework zurückgeht.

Inzwischen, so mein Eindruck, ist es um das Thema ruhiger geworden. Den Anspruch, die Enterprise Architecture in den Rang einer Strategie zu erheben[87], haben nur noch wenige. Dazu beigetragen hat auch die Kritik, die in den vergangenen Jahre immer stärker wurde, wie z.B. *Why Enterprise ' rchiteture is an Oxymoron*[88] von Dan Appleton. Appleton moniert darin u.a., dass ein Unternehmen von vielen Faktoren beeinflusst wird, wovon die Enterprise Architecture nur einer ist. Entscheidender sind häufig die informellen Regeln und Verfahren, die heimlichen Spielregeln.
Die Fixierung auf die Enterprise Architecture kann daher leicht zu einer Blickverengung führen und Fehlentscheidungen Vorschub leisten. Bebauungspläne verstärken die Defizite, indem sie, zumindest implizit, eine Richtung festschreiben, die sich schon unmittelbar danach als korrekturbedürftig erweisen kann. Kurzum: Die

---

[87] Jeanne W. Ross, Peter Weill, David C. Robertson: Enterprise Architecture as Strategy. Creating a foundation for business execution, 2006

[88] Why Enterprise Architecture is an Oxymoron, BRCommunity vom 02.08.2008

Flexibilität geht verloren, es droht das, was Henry Mintzberg als Glanz und Elend der Strategischen Planung[89] bezeichnet hat.

Daher sollte man m.E. bei der Anwendung zwischen der diagnostischen und der strategischen Ebene unterscheiden.

Als Diagnose-Instrument hat die Enterprise Architecture große Vorzüge, gerade für Banken, in denen die IT-und die Organisationsstruktur deutlich enger miteinander verzahnt sind als in anderen Branchen. Die IT-Architektur gibt häufig einen besseren und schnelleren Überblick über das Geschäftsmodell und seine Entwicklung im Laufe der Jahre, als das die meisten Dokumentationen in dieser Form leisten können. In gewisser Weise erfüllen Architektur-Übersichten die Funktion, die im Mittalter die Karten für die Navigation wie überhaupt für das Weltverständnis der damaligen Zeit hatten.
Auch die Enterprise Architecture zählt zu den typischen Repräsentationstechniken und unterliegt deren Grenzen[90].

So gesehen liegt die eigentliche Stärke der Enterprise Architecture darin, eine Grundlage für Diskussionen und Entscheidungen zu liefern, die weit über Fragen der IT- oder Geschäftsarchitektur hinausgehen. Künftig wird es noch mehr als jetzt darauf ankommen, den Blick nicht nur auf die eigene Enterprise Architecture zu heften, sondern (neben Cloud Computing) das Umfeld, das Ökosystem, in die Betrachtung mit einzubeziehen, wie es Mark Sniuka es für die Geschäftsmodellinnovation bereits beschrieben hat[91]. Hier brauchen wir neue Ansätze.

Knowledge Banking in einer vernetzten Gesellschaft

Der Chef der spanischen BBVA, Francisco González, hat in der jüngeren Vergangenheit mit einigen Aktionen und Beiträgen die Branche in Unruhe versetzt. Der vorläufig letzte Coup ist die Übernahme von Bank Simple.
Wer die diversen Reden und Beiträge von González liest, gewinnt den Eindruck, dass sich hier jemand eine klare Vorstellung vom Banking der Zukunft gebildet hat und seinen Worten auch Taten folgen lässt - siehe Bank Simple.
Beispielhaft hierfür ist sein Buchbeitrag *Knowledge Banking for a Hyperconnected Society*[92].

Darin umreißt González seine, nennen wir es hier mal so, Vision des *Knowledge Banking*: Einen hohen Stellenwert genießen dabei die Analytischen Technologien, wie sie unter dem Schlagwort Big Data die Runde machen. Noch, so González, verfügen die Banken gegenüber den Herausforderern wie Google, Amazon oder den

[89] Henry Mintzberg: The Fall and Rise of Strategic Planning, Harvard Business Review, January-February, 1994

[90] Karl Schlögel: Im Raume lesen wir die Zeit. Über Zivilisationsgeschichte und Geopolitik, 2003

[91] Mark Sniukas: Take Your Business Model to the Next Level, Innovation Management vom 21.10.2013

[92] Francisco Gonzáles: Knowledge Banking for a Hyperconnected Society, OpenMind BBVA, 2013

großen Einzelhandelskonzernen wie Tesco den Vorteil, die umfassenderen Daten über die Kunden zu besitzen. Ein Kapital, das es mittels analytischer Verfahren und Tools zu nutzen gelte - zum Vorteil der Bank, aber auch der Kunden.

Um dieses Ziel zu erreichen, müssen die Banken sich von Grund auf wandeln.

Die BBVA, so González, habe diesen Wandel mit der Implementierung ihrer neuen IT-Plattform, die es der Bank ermöglicht, die Kundenanforderungen über alle Kommunikations- bzw. Interaktionskanäle hinweg zu erfüllen, eingeleitet. Selbstverständlich ist die Plattform skalierbar. Der Aufwand habe sich gelohnt.
Obschon die Digitalisierung Hand in Hand mit der Standardisierung und Automatisierung geht, in denen die Größenvorteile zum Tragen kommen, haben künftig auch spezialisierte Anbieter eine Chance im Wettbewerb zu bestehen. Einige von ihnen können laut González als Zulieferer in der Wertschöpfungskette überleben. Sie sollten sich nach Möglichkeit in ein größeres Ökosystem einklinken, das von sog. *Knowledge Distributors* betrieben, unterhalten wird. Die Bank als digitale Plattform.

Im Zeitalter des Knowledge Banking ist es möglich, die Wünsche der Kunden im voraus zu erkennen und mit entsprechenden Angeboten und Beratungsleistungen darauf zu reagieren. Hierfür greift die Bank auch auf externe Daten, wie Social Media, zurück. Ähnliche Gedanken äußerte übrigens vor über vierzig Jahren der damalige Vorstandschef der Dresdner Bank, Jürgen Ponto[93].

Inwieweit die Vision des Knowledge Banking bzw. der BIT (Banking, Information, and Technology) Industry, so wie von González beschreiben, Realität wird, bleibt abzuwarten. Erste Tendenzen sind jedoch bereits jetzt schon zu erkennen. Ob die Bank allerdings Berater für nahezu alle Lebenslagen wird oder werden sollte, steht auf einem anderen Blatt. Auch besteht die Gefahr, dass sich geschlossene Systeme im Netz bilden. Das wird so nicht (mehr) funktionieren.

Hier werden die potenten Mitbewerber wie Google, Amazon, Apple, Telekommunikationsgesellschaften und Kreditkartenunternehmen ein gewichtiges Wort mit zu reden haben. Deren Informationsbestand steht dem der Banken kaum bzw. überhaupt nicht mehr nach.

Gamification im Banking - Aktueller Stand und Ausblick

An den Einsatz spielerischer Elemente - der Gamification - bei der Kundenbindung und -gewinnung im Banking richten sich inzwischen große Erwartungen. Markforschungsinstitute wie Gartner erkennen in der Gamification sogar einen Megatrend.

Mittlerweile haben die Hersteller von Bankensoftware den Trend erkannt. Misys bietet mit dem *BankFusion Gameo module* bereits eine integrierte Lösung an. Als Novum gilt, dass mit der Applikation echte Transaktionen durchgeführt werden

[93] Jürgen Ponto: Die Banken als Financiers des Fortschritts, in: Mut zur Freiheit. Gedanken zu Politik und Wirtschaft, 1977

können. Aus Spiel kann damit Ernst werden. Als erstes Finanzinstitut hat die DSK Bank in Bulgarien die Misys-Lösung implementiert[94].

Vor einigen Monaten berichtete *Bank System & Technology* von fünf Banken, die ihrer Ansicht nach führend bei der Gamification sind[95]. Das *Sourcing Competence Center* der Hochschule St. Gallen stellt auf einer eigenen Seite Gamification-Anwendungen im Banking vor[96].

Auch die Wissenschaft setzt sich mit dem Thema Gamification auseinander, wie an der Universität Paderborn, an der vor zwei Jahren ein GamesLab eröffnet wurde, das einen betont interdisziplinären Ansatz verfolgt.

Einige Elemente der Gamification, wie Belohnungen, sind bereits in vielen Tools für das Personal Finance Management eingebaut. Hier könnten sich noch weitere Einsatzmöglichkeiten bieten.

Bisher stehen viele Anwender der Gamification aber noch skeptisch gegenüber, wie eine Leserbefragung von CIO vor einigen Monaten ergab[97].

Ziemlich unstrittig ist für mich, dass Applikationen, die das spielerische Verhalten der Kunden fördern (nicht manipulieren), um damit ein besseres Verständnis von Finanzprodukten und über die eigene finanzielle Situation zu bekommen, künftig zum festen Bestandteil des Kunden- und Produktmanagements der meisten Banken gehören werden.

Vielversprechend wirkt auf mich das Framework der Gamification Model Canvas[98], das sich am *Business Model You* von Osterwalder u.a.[99] orientiert.

Einige Anmerkungen zum Engagement Banking

Das Schlagwort des "Engagement Banking" erfreut sich in der Banken- und Beratungsszene wachsender Beliebtheit. Allen Übertreibungen zum Trotz verbirgt sich dahinter ein wahrer Kern.
Mittlerweile kreist die Diskussion weniger um die Frage, ob Engagement, sei es von den Kunden oder den Mitarbeitern, wünschenswert ist, sondern eher darum, welche Art des Engagements förderungswürdig ist. So warf Jeanine Skowronski in ihrem provokativen Beitrag *What Engagement Banking Needs Is Less Engagement*[100] ein,

---

94 Elliott Holley: Banking is all a game in Bulgaria, banking technology vom 12.11.2013

95 Jonathan Camhi: 5 Banks Leading the Way in Gamification, Banktech vom 08.02.2013

96 sourcing competence center - Banking IT-Innovation Database, banking-innovation.org

97 Christiane Pütter: Kein Interesse an Gamification, CIO vom 30.01.2013

98 gameonlab.com

99 Tim Clark, Alexander Osterwalder, Yves Pigneur: Business Model You, 2012

100 Jeannie Skowronski: What Engagement Banking Needs Is Less Engagement, American Banker vom 12.09.2013

dass auch beim Engagement Banking das Motto gelte: Weniger ist mehr. Häufig tragen Apps mit ihrer Funktionsvielfalt eher zur Verwirrung als zur Vereinfachung bei der Abwicklung der Bankgeschäfte bei. Gebraucht werden dagegen Funktionen, die dem Anwender vor der Komplexitätsfalle schützen und sich auf das Wesentliche konzentrieren.

Ron Shevlin nahm die Kritik von Skowronski zum Anlass, seine Anforderungen an das Engagement Banking zu präzisieren[101]. Statt weniger Engagement sei mehr "echtes" Engagement nötig.

Ein Punkt, der auch Shevlin bei den meisten Tools für das Personal Finance Management (PFM) derzeit noch zu kurz kommt.

Der Wandel zu einer Organisation, die das Engagement auf allen Ebenen fördert, ist allerdings leichter gesagt als getan. Ohne eine Blickverschiebung, d.h. ohne eine Abkehr von der Innensicht zur Außensicht, wird es schwer sein, die verschiedenen Interessengruppen (Stakeholder) zu mehr Engagement anzuregen. Für Jay Deragon gehört das Engagement zu den immateriellen Vermögenswerten einer Organisation[102], die nur durch Interaktionen mit den verschiedenen Interessengruppen, unter denen die Mitarbeiter und Kunden eine herausragende Stellung haben, erzeugt, erhalten und ausgebaut werden können.

Inzwischen sind auf dem Markt IT-Lösungen für das Engagement Banking erhältlich, wie von Backbase.

Die Bank als Berater in fast (allen) Lebenslagen?

Auf der Suche nach einer neuen Rolle, die die Banken im digitalen Zeitalter einnehmen können, wird häufiger die eines *Trusted ' dvisors* erwähnt - quasi die Bank als Berater für nahezu alle Lebenslagen der Kunden.
Als Hauptargument genannt wird dabei der Informationsvorsprung der Banken, der ihnen durch die Transaktionshistorie der Kunden fast nebenbei zufällt. Ein Punkt, auf den Juan Pedro Moreno in seinem Beitrag *Banking at a digital crossroads*[103] hinweist.

Der Informationsvorsprung der Banken ist bei weitem nicht mehr so groß, wie viele noch immer anzunehmen scheinen. Telekommunikationsunternehmen, Online-Händler und Mobile-Payments-Anbieter, ganz zu schweigen von Google und facebook, dürften hier inzwischen gleichgezogen haben.
Trotzdem ist der Gedanke m.E. richtig. Moreno führt mehrere Beispiele an, wie die Banken in wichtigen Fragen die Rolle eines Beraters für die Kunden übernehmen können. So könnten Banken, ähnlich wie heute schon Amazon, den Kunden, basierend auf deren Transaktionsverhalten, verschiedene Empfehlungen

---

[101] Ron Shevlin: What Engagement Banking Needs Is REAL Engagement, Snarketing 2.0 vom 20.09.2013

[102] Jay Deragon: The Petri Dish of Social Engagement, The Relationship Economy vom 23.09.2013

[103] Juan Pedro Moreno: Banking at a digital crossroads, Financial Times vom 28.01.2014

unterbreiten. Moreno nennt als Beispiele u.a. die spanische BBVA, die australische CBA und die türkische Garanti.

Das erfordert aber auch, dass die Banken diese Rolle glaubhaft ausfüllen und die Kunden objektiv beraten, d.h. auch Produkte und Leistungen zu empfehlen, die nicht aus dem eigenen Haus stammen. Nicht zu unterschätzen ist der Aufwand für den Einstellungs- bzw. Kulturwandel, der nötig ist, wenn eine Bank als Partner der Kunden oder als *Trusted ' dvisor* wahrgenommen werden will. Eine andere Konstellation wird sich künftig nicht mehr durchsetzen lassen. Dafür haben sich die Kunden bereits jetzt schon zu sehr emanzipiert.

Bankless Banking im Jahr 2030

Vor etwa drei Jahren veröffentlichte Heinrich Fendt seine Transformationsstory *Bankless Banking 2030*[104]. Darin zeichnete er eine Zukunftsvision des Banking, deren Plausibilität seitdem eher noch zugenommen hat.

Im Jahr 2030 wird der Zahlungsverkehr demnach per Digital Payment (D-Payment) und über die Europäischen Finanzagenturen (EFA) abgewickelt.

Das klingt nach einer sehr weitreichenden Disintermediation, d.h. die Banken würden demnach in 2030 ihre Rolle in der Transaktionsabwicklung fast vollständig eingebüßt haben.

Einheitliche Standards haben im Zahlungsverkehr zu einer Konsolidierung geführt. Statt vieler Insellösungen gibt es ein für alle verbindliches Zahlungssystem.

Das Kreditgeschäft ist eines der wenigen noch verbliebenen Felder, auf dem sich die Banken betätigen können. Das Trennbankensystem hat sich durchgesetzt.

Teilen müssen sich die Banken das Kreditgeschäft mit den Kreditplattformen, die selbstverständlicher Bestandteil des Bank- und Finanzwesens geworden sind. Waren in den Anfangsjahren Privatkunden Hauptadressaten der P2P-Plattformen, machen 2030 auch die Unternehmen von dieser Finanzierungsform regen Gebrauch.

Transparenz wird groß geschrieben. Statt des Shareholder-Value, so füge ich jetzt mal hinzu, ist für Investoren bereits seit Jahren der Stakeholder-Value maßgebend. An die Zeit des Shareholder Value - können sich ohnehin nur noch wenige erinnern. Die jüngere Generation reagiert verwundert darauf, dass es eine Zeit gegeben hat, in der der Aktienkurs eines Unternehmen alleiniger Erfolgsmaßstab für Investoren und das Top-Management gewesen ist. Das *Integrated Reporting* ist Standard. Fast alle Finanzinstitute erstellen eine Gemeinwohlbilanz.

In ihrer Funktion als Kapitalsammelstellen werden die Banken im Jahr 2030 nicht mehr benötigt. Die Vermittlung, die Fristentransformation erfolgt auf anderen, effizienteren Wegen. Ein weiterer Zwischenhändler würde da nur zu unnötigen Reibungsverlusten führen. Das Problem der Systemrelevanz hat sich dadurch gleich mit erledigt. Alles in allem gar nicht so abwegig. Die Standardisierungsbemühungen

---

[104] Heinrich Fendt: Bankless Banking 2013. Eine Transformationsstory

bei den Mobile Payments nehmen zu, z.B. in Großbritannien und in Afrika. Die Stimmen, die NFC keine allzu große Zukunft mehr einräumen, häufen sich. Stattdessen geht die Tendenz hin zu dem, was Karen Webster als *Connected Devices* bezeichnet[105]. Sollte tatsächlich eine Europäische Finanzagentur entstehen, die das Clearing übernimmt, dann ist den Banken die klassische Geschäftsgrundlage entzogen. Der regulatorische Aufwand liegt dann bei der Finanzagentur. Positiv daran wäre, dass die Banken dann von dem regulatorischen Ballast befreit wären. Allerdings wäre dann der Weg für alle die Anbieter frei, die wie Google, Apple, Amazon, facebook, PayPal & Co den Schritt zur Vollbank derzeit noch scheuen ...

Bankless Banking mit Kabbage, Xendpay, Kantox und Ezbob

In seinem *Bericht von der Finnovate in London*[106] stellte Rudolphe Koller mit *Kabbage, Xendpay, Kantox* und *Ezbob* weitere Herausforderer der Banken vor, die die Vision des Banklesss Banking ein Stück mehr in greifbare Nähe rücken.

Die genannten Unternehmen konzentrieren sich auf Angebote, die keine (Voll-)Banklizenz erfordern. Sie treten als Intermediäre/Treuhänder auf, die kein Geld verleihen und auch kein Einlagengeschäft betreiben.

Mit Xendpay lassen sich Auslandsüberweisungen zu deutlich günstigeren Konditionen durchführen als bei den Banken oder auch bei PayPal. Xendpay ist ein Service von *RationalIFX*, nach eigener Aussage einer der marktführenden Devisenhändler.

Ein ähnliches Geschäftsmodell wie Xendpay verfolgt Kantox. Die Dienstleistung zielt auf das klassische Devisen- bzw. Cashmanagement international agierender Unternehmen. Exportiert ein Unternehmen aus dem EU-Währungsraum Waren gegen Dollar in die USA, ermittelt Kantox ein Unternehmen aus den USA, das in den EU-Raum mit demselben Zahlungsziel exportiert. Kantox bringt die beiden Unternehmen zusammen, verwaltet das Geld und zahlt es zum Stichtag in der gewünschten Währung aus. Insofern handelt hier schon nicht mehr nur um einen reinen Zahlungsverkehr, sondern auch um Risikomanagement.

Kabbage und Ezbob sind im Forderungsmanagement/Factoring für kleine und mittlere Unternehmen aktiv, die auf Amazon und ebay handeln.

Die Bonitätsprüfung verläuft dabei vollständig per Internet:

---

105 Karen Webster: The six things that will change the future of payments, pymnts.com vom 18.08.2013

106 Rudolphe Koller: Finnovate in London. Start-ups erfinden die Bank von morgen, netzwoche vom 21.06.2013

Kabbage geht inzwischen einen Schritt weiter. Wie in *Businessweek*[107] zu lesen war, plant das Unternehmen seine Dienstleistung über *QuickBooks* kleinen und mittleren Unternehmen außerhalb von Amazon und Ebay anzubieten.

Im Internet ist die Resonanz auf Kabbage, so weit ich feststellen konnte, verhalten bzw. durchwachsen.

Bankless Banking mit Holvi, Wonga und Xoom

Die Zahl neuer Spieler im Banking steigt unaufhaltsam. Dabei sind es vor allem junge Technologieunternehmen, die den Markt für Bankdienstleistungen umkrempeln. Dem *Economist* waren sie gleich zwei Beiträge wert: *' pps at the gate*[108] und *Revenge of the nerds*[109].

Der erste der genannten Beiträge berichtet u.a. von den Startups *Holvi*, *Wonga* und *Xoom*.

Bei Xoom handelt es sich um einen Service zur Online-Überweisung ins Ausland. Hierfür berechnet Xoom im Vergleich zu anderen Banken deutlich weniger Gebühren.

Wonga wiederum hat sich auf Kleindarlehen für Privatleute (400 - 1.000 Pfund) und Geschäftsleute (3.000 - 15.000 Pfund) mit kurzer Laufzeit (1 bis 52 Wochen) spezialisiert. Hierfür hat das Unternehmen eigene Bewertungsverfahren entwickelt, die eine Entscheidung in bis zu wenigen Sekunden ermöglichen. Nach anfänglich hohen Raten konnten die Ausfälle auf Normalmaß reduziert werden. Die Kunden erhalten in Echtzeit die Kalkulation und Kostenübersicht ihres Darlehens.
Allerdings ist Wonga in Großbritannien nicht unumstritten, wie ein Blick in *Wikipedia* zeigt.

Holvi aus Finnland bietet eine Kontoübersicht, die zur Zeit ihresgleichen sucht[110].

Mit diesem Angebot sieht sich Holvi auch gegenüber der Bank Simple, die einen ähnlichen Ansatz verfolgt, im Vorteil.

Mittlerweile hat Holvi auch in Berlin eine Dependance eröffnet.

---

107 Patrick Clark: Kabbage Expands Its Cash Advances to Brick-and-Mortars, Businessweek vom 14.05.2013

108 Apps at the gate. Tech start-ups promise to transform financew, if regulators will let them vom 03.08.2013

109 Revenge of the nerds. An Explosion of start-ups is changing finance for the better vom 03.08.2013

110 Mike Butcher: Holvi Plans To Disrupt Traditional Bank Accounts With Simple But Powerful Services, TechCrunch vom 22.11.2012

Wir bauen uns eine Bank ...

Die Zeiten zur Gründung einer Bank waren selten so günstig wie heute. Gebäude, Bürotürme gar, werden eigentlich nicht mehr benötigt; auch die Filialen scheinen ihren Zenit endgültig überschritten zu haben.
Prinzipiell lässt sich das Bankgeschäft nahezu komplett über das Internet betreiben. Schon jetzt stehen mit den zahlreichen FinTech Startups die Bausteine zur Verfügung, um daraus eine Bank zu bauen. Von der Geldanlage über die Finanzierung bis hin zur Zahlungsabwicklung und Compliance - für die Kernfunktionen hat mindestens ein FinTech Startup eine Lösung parat. Selbst Kernbankensysteme, das "Allerheiligste" einer jeden Bank, können über die Cloud bezogen werden.

So gesehen ist es nur ein logischer Schritt, wenn die Überlegungen, wie man sich eine Bank bauen kann, konkreter und realitätsnäher werden, wie bei Jack Gavigan in seinem lesenswerten Beitrag *What would a disruptive bank look like?*[111].
Zentraler Baustein ist darin die *Core Banking Engine*. Sie umfasst neben CRM-Funktionen auch einen API-Service-Layer, der die Anbindung von Lösungen Dritter ermöglicht, wie z.B. Tools für das Personal Finance Management. Da sie das Rückgrat der Bank-IT bildet, sollte die Core Banking Engine in Eigenregie erstellt werden. Auch die ATMs und die Ausgabe von Kundenkarten bleiben unter der Hoheit der Bank. Alle weiteren Bausteine können mittels Open-API integriert werden. Gavigan ist nicht der Ansicht, dass sich eine Bank nur noch auf das Front End konzentrieren sollte, wie Moven.
Neu ist der Gedanke eines Marktplatzes für Produkte und Dienstleistungen, auf dem sich die Kunden die für sie passenden Produkte und Dienstleistungen aussuchen können. Das Angebot stammt dabei nicht nur von der Bank, sondern auch von Dritten.
Das alles kommt dem Modell der *Bank als digitaler Plattform* schon sehr nahe.

An Grenzen stösst das Modell derzeit noch, wenn es um Fragen der Koordination wie auch der Abdeckung der nicht-funktionalen Anforderungen geht.

Die Digitalisierung des Bankgeschäfts hat die Annahmen der *Transaktionskostentheorie* nach *Coase* und *Williamson* noch nicht obsolet machen können. Demnach stehen für die Koordination bzw. Abwicklung der Transaktionen eines Unternehmens die Alternativen Hierarchie oder Markt zur Verfügung. Die Forschung zur Koordination mittels Netzwerken ist dagegen noch in den Anfängen. Bis heute erfolgt die Koordination der Aktivitäten in den Banken vorwiegend mittels Hierarchie, d.h. die Leistungen werden intern erstellt und koordiniert. Sicherlich hat das Outsourcing zu einer Verlagerung hin zum Markt geführt; in ihrem Kern werden die Banken indes nach wie vor über die Hierarchie, d.h als geschlossenes System gesteuert.
Den Schwerpunkt der Koordination auf den Markt zu verlegen, erfordert einen nicht zu unterschätzenden Aufwand. Verträge müssen neu ausgehandelt, die Leistungserfüllung überwacht werden. Anbieter scheiden aus, neue kommen hinzu. Die Preis- und Erlösmodelle müssen fortlaufend angepasst und ausgehandelt werden. Der Aufwand wird auch dann nicht geringer, wenn, wie in dem Modell von Gavigan, eine Mischform gewählt wird. Zwei verschiedene

---

[111] Jack Gavigan: What would a disruptive bank look like? vom 14.04.2014

Koordinationsmechanismen unter einen Hut zu bringen, erfordert selbst wiederum einen hohen Koordinationsaufwand. Das dürfte ein langer und schwieriger Lernprozess werden. Fast schon eine Quadratur des Kreises.

Hinzu kommt das Thema der nicht-funktionalen Anforderungen wie der Sicherheit und der Hochverfügbarkeit. Wer kümmert sich darum? Können sie überhaupt von einem Akteur alleine garantiert werden?

Auch wenn es heute - im Prinzip - einfacher ist eine Bank zu gründen, als vielleicht noch vor zehn oder zwanzig Jahren, wir lassen jetzt mal die Beschaffung der fünf Millionen Euro Grundkapital beiseite, ist der technologische Vorsprung schnell dahin, wenn die Vollbanklizenz angestrebt und erteilt wird. Allein die Regulierung sorgt dafür, dass der Kostenblock mit einem Schlag ganz neue Dimensionen annimmt. Die Handlungsfreiheit wird dadurch eingeschränkt.

Eine Bank nur über das Internet profitabel zu betreiben, wird auch künftig schwer sein. Ob eine Mischform, wie von Gavigan vorgeschlagen, die Lösung ist, bleibt aus den genannten Gründen abzuwarten.

Einen weiteren, vielleicht sogar den entscheidenden, Schub könnte das Thema dann bekommen, wenn sich die digitalen Währungen in der einen oder anderen Form durchsetzen. Vor allem aus dem Bereich Payments und Security könnten einige Innovationen zu einer Umwälzung des Bankgeschäfts führen. Genannt seien die *Trusted Platform Modules* oder *Bitcoin Wallets*. Dann stellt sich das Thema der Sicherheit wie auch der Hochverfügbarkeit neu. Ebenso könnte der dezentrale Ansatz die heute noch bestehenden Grenzen bei der Transaktionsabwicklung und Koordinierung aufheben, zumindest aber die Entstehung neuer Organisationsformen im Banking, wie Netzwerkorganisationen und/oder die Bank als Plattform, begünstigen.

Dann könnte es tatsächlich heißen: Wir bauen uns eine Bank

Und täglich grüßt der Roboter

Da stecken die Smart-ATM's noch in den Kinderschuhen, da grüßt aus der Ferne bereits der Roboter. Am weltweit ersten Design Center für Finanzinstitutionen, dem 8012 Design Center von Polaris Financial Technology, wird eifrig an einem Roboter gebastelt, der das Bankgeschäft dereinst verändern könnte - er hört auf den Namen Robin. Das Magazin *Deccan Chronicle* zitiert Arun Jain, CEO von Polaris, mit der Aussage, dass Robin die Bankmitarbeiter unterstützt, indem er ein Foto von dem Kunden schießt und dessen biometrische Informationen gleich mit speichert[112]. Sobald die Identität des Kunden verifiziert ist, gibt Robin automatisch eine Kundenkarte aus. Ähnliche "Erleichterungen" kann Robin auch der Versicherungsbranche bringen.

---

[112] Sangeeha Chengappa: Hello, I am Robin, how can I assist you?, Deccan Chronicle von 15.10.2013

Auch sonst befindet sich Robin technisch auf der Höhe der Zeit: Zu seiner Ausstattung zählen ein Finger Print Scanner, ein NFC Reader, ein Barcode Reader, ein Card issuer und ein credit/debit card reader.
So weit ich recherchieren konnte, ist Robin noch ein Prototyp. Ob und wann Robin in Serie geht, steht noch in der Sternen.

Künftig dürfte das 8012 Design Center noch mit weiteren Neuerungen aufwarten.

In der einen oder anderen Form werden Roboter, wie Assistenzsysteme, Einzug im Banking halten. Diese Entwicklung wird sich nicht nur auf die Industrie beschränken. Die Prognose wage ich. Ob uns demnächst Robin in der Filiale unserer Hausbank begrüßen wird, ist damit nicht gesagt. Für wegweisend halte ich die Forschungen am Cognitive Interaction Technology - Center of Excellence (CITEC) an der Universität Bielefeld. Dort arbeitet ein interdisziplinäres Forscherteam bereits seit Jahren an "humanoiden Robotern". Ein Stichwort, das in dem Zusammenhang häufiger fällt, ist das der "Manual Intelligence"[113]. Haptik und Gestik werden mehr noch als bisher im Banking, neben Spracherkennungssystemen wie Siri und Biometrischen Verfahren , Verbreitung finden.

Wissenschaftler der Universität Eindhoven haben bereits ein "World Wide Web für Roboter" das sog. RoboEarth[114] entwickelt. Darüber sollen Roboter miteinander kommunizieren und Erfahrungen austauschen können. Das ist schon mehr als nur Zukunftsmusik.

Da erscheint es auch nicht mehr abwegig, dass schon jetzt eifrig über ein Roboterrecht diskutiert wird. An der Juristischen Fakultät der Universität Würzburg existiert bereits die Forschungsstelle RobotRecht.

Herausforderungen für die Autobanken

Die Autobanken haben sich in den letzten Jahrzehnten zu einer tragenden Säule der Automobilkonzerne entwickelt. Schon lange geht es dabei nicht mehr "nur" um die Finanzierung des Autokaufs. Die Hersteller haben erkannt, dass eine Autobank ein sehr wirkungsvolles Instrument für die Kundengewinnung und Kundenbindung sein kann. Hierfür haben die Autobanken ihr Leistungsangebot um verschiedene Komponenten (Service-Angebote, Car-Sharing,Versicherungen) ergänzt.
Insofern tragen die Autobanken im Idealfall sowohl zur Wertschöpfung der Hersteller (Händlerfinanzierung, Importfinanzierung, Refinanzierung, Markentreue etc.) wie auch der Kunden bei, wie Joachim Häcker und Frank Stenner in ihrem Beitrag *Die*

---

[113] Helge Ritter: Cognitive Interaction Technology, Vortrag auf Deutsche Gesellschaft für Robotik am 13.10.2011 auf den DGR-Tagen im KIT Karlsruhe

[114] What is RoboEarth? auf roboearth.org

Bedeutung der herstellerverbundenen Finanzdienstleistung im Konzern[115] und in einem separaten Gutachten[116] hervorheben.

Im Vergleich zu ihren Bemühungen im eher klassischen Marketing sind die Anstrengungen der Autobanken beim Mobile Banking noch zaghaft. Einzig die Volkswagenbank verfügt über eine beeindruckende Palette von Apps. Ein Weg, den künftig wohl auch die anderen Autobanken beschreiten werden. Ebenso wie die "klassischen" Banken werden auch die Autobanken Tools für das Personal Finance Management (PFM) einsetzen, um den Draht zum Kunden nicht zu verlieren. Ein Punkt, der vor dem Hintergrund des wandelnden Käuferverhaltens an Bedeutung gewinnt. So berichtete die Süddeutsche Zeitung in einem Beitrag[117] von den Problemen, mit denen die Autohäuser inzwischen konfrontiert werden. Anders als noch vor einigen Jahren, wird der Autokauf heute verstärkt Online abgewickelt. Da die Autohäuser nach wie vor eine unverzichtbare Stütze für die Hersteller sind, werden sie darüber nachdenken müssen, wie sie die Autohäuser in ihre digitale Strategie einbinden können.

Überhaupt steht die Autobranche vor einem epochalen Wandel. Als Statussymbol verliert das Auto bei der jungen Generation zunehmend an Bedeutung. Im Vordergrund steht häufig die Nutzung und nicht der Besitz eines Autos, Stichwort: Car Sharing.

Für Häcker und Stenner liegt die Herausforderungen der Autohersteller daher in der Transformation von einem Automobildienstleister zu einem Mobilitätsdienstleister.

In seinem Beitrag *Marketing Myopia*[118], inzwischen ein Klassiker, aus dem Jahr 1960, führte Ted Levitt den Bedeutungsverlust der Eisenbahnen gegenüber dem Auto und dem Flugzeug darauf zurück, dass ihnen nicht ausreichend klar gewesen sei, dass ihr Geschäft nicht im Transport, sondern in der Mobilität lag bzw. liegt. Mittlerweile befinden sich die Autohersteller in einer ähnlichen Situation wie die Eisenbahnen.

Wenn es denn so ist, dann ist es nur folgerichtig und auch unausweichlich, wenn ein Mobilitätsdienstleister den mobilen Kanälen besonderen Stellenwert einräumt, um mit den Kunden bzw. Nutzern auf Tuchfühlung zu bleiben. Infotainment alleine wird nicht reichen. Hier sind neue Ansätze, ähnlich wie der Plattformgedanke im Banking, nötig. Beispielsweise eine Plattform für Mobilitätsdienstleistungen unter dem Label des Herstellers, wobei die Autobank den Part der Finanzierung und damit zusammenhängender Services übernimmt.

---

[115] Joachim Häcker und Frank Stenner: Die Bedeutung der herstellerverbundenen Finanzdienstleistung im Konzern, FLF 6/2013

[116] Joachim Häcker und Frank Stenner: Die Bedeutung der herstellerverbundenen Finanzdienstleistung für den Automobilkonzern. Kurzgutachten im Auftrag des Arbeitskreises der Banken und Leasinggesellschaften der Automobilwirtschaft (AKA), Juli 2013

[117] Im Glashaus, SZ vom 09.11.2013

[118] Theodore Levitt: Marketing Myopia, Harvard Business Review, July-August 1960

Der Chef der BBVA schlägt Alarm

In einem Beitrag[119] für die Financial Times läutete der Chef der spanischen BBVA, Francisco Gonzales, die Alarmglocken für die Bankbranche.
Anders als die meisten seiner Kollegen hält er es nur noch für eine Frage der Zeit, bis Google, Amazon & Co. als Vollbank am Markt auftreten. Banken, die noch immer davon ausgehen, dass die Bemühungen der potenziellen Mitbewerber spätestens an den regulatorischen Hürden zum Stehen kommen, prophezeit er den sicheren Tod.
Gonzales diagnostiziert den Wandel der Bankbranche hin zu dem, was er als BIT industry bezeichnet (Banking, information and technology)

Künftig würden, so Gonzales, nur noch einige dutzend digitale Banken bestehen. Daneben könnten bestenfalls noch Nischenanbieter ein auskömmliches Dasein fristen. Die meisten Banken werden jedoch in die Rolle des Zulieferers für die wenigen digitalen Banken schlüpfen. Diese werden die Plattformen dominieren, über die die Finanzdienstleistungen verkauft und abgewickelt werden.

Neben den technologischen Herausforderungen für die Banken, die in Zukunft eine nennenswerte Rolle spielen wollen, sieht Gonzales vor allem auch organisatorische Klimmzüge, die es zu bewältigen gilt. So oder so werden die Banken, so Gonzales, ihr Monopol verlieren. Um nicht in die völlige Bedeutungslosigkeit zu rutschen, sollten sie daher alles unternehmen, um den Wandel zu einem Anbieter von Informationsdienstleistungen zu vollziehen.

So weit ich blicken kann, handelt es sich bei dem Beitrag um den ersten dieser Art eines der weltweit führenden Bankers. Er zeigt, wie ernst die Lage ist. Ob die von Gonzales beschriebenen Szenarien wirklich so eintreffen, wird die Zukunft zeigen. Jedoch ist es mehr als nur ein Weckruf. Die Verlagerung weiter Teile des Bankgeschäfts in das Netz ist nicht aufzuhalten. Dafür bedarf es keiner prophetischen Gabe (mehr). Die Anzeichen verdichten sich, dass die Bankbranche sich dem strategischen Wendepunkt, wie Andy Grove ihn beschrieben hat, bereits sehr nahe gekommen ist.
Da die meisten Banken nach wie vor wie Tanker agieren, ist davon auszugehen, dass nur sehr wenige, wie Gonzales andeutet, das rettende Ufer erreichen werden. Zu groß ist der Investitionsstau - nicht nur bei der RBS. Ganz abgesehen von den organisatorischen Hürden. Noch befinden sich viele Banken in einer ' *bwarteblockade*.

Jedenfalls nimmt die Idee der Bank als digitaler Plattform immer konkretere Züge an.

New Banking mit der ANZ Banking Group (Australien)

Seit Jahren bekommen die Banken von verschiedenen Seiten zu hören, dass sie ihre Kernbankensysteme dringend erneuern müssen, wenn sie mit der rasanten technologischen Entwicklung im Banking Schritt halten wollen. In einigen Ländern,

---

119 Francisco Gonzáles: Banks need to take on Amazon and Google or die, Financial Times vom 02.12.2013

wie Australien, ist darüber fast schon so etwas wie ein Glaubenskrieg entbrannt. Dort stehen sich die IT-Strategien der Commonwealth Bank of Australia (CBA) und der ANZ Banking Group gegenüber.
Für Aufsehen sorgte die Commonwealth Bank mit der Einführung ihres neuen Kernbankensystems, das eine Transaktionsverarbeitung in Echtzeit ermöglicht. Nicht ohne Grund sieht sich die CBA seitdem als Technologieführer im australischen Bankenmarkt. Die Verantwortlichen der ANZ Bank wenden dagegen ein, dass inzwischen ein zu großer Wert auf die Kernbankensysteme gelegt wird. Zwar habe ein den modernsten technologischen Anforderungen entsprechendes Kernbankensystem unbestreitbare Vorteile, entscheidend seien jedoch die darüber liegenden IT-Schichten, die eine flexible Anpassung der Systeme an die Anforderungen im Front End ermöglichen, wie z.B. im Bereich Mobile Banking. Philip Chronican von der ANZ weist in dem Zusammenhang auf den großen Erfolg des PFM-Tools ANZ Money Manager hin, das bei den Kunden auf breite Resonanz stösst und führend am australischen Markt ist[120].

Ihre Suche nach Inspirationen für das Banking der Zukunft führte die Verantwortlichen der ANZ ins Silicon Valley. Dort trafen sie mit Vertretern von Google, Cisco, Apple u.a. zusammen, um über die neuesten Entwicklungen im Bereich Social Media, Mobile Payments u.a zu sprechen. Den Verantwortlichen der ANZ wurde dabei klar, dass eine Bank ihrer Größenordnung nicht mit der Agilität von Startups konkurrieren kann und versuchen muss, ihren eigenen Weg zu gehen. Derzeit ist die Bank dabei, eine digitale Plattform für das Mobile Banking mit konsistentem Erscheinungsbild zu implementieren.

Probleme bereitet in Australien derzeit noch die Verbreitung NFC-gestützter Bezahldienste. Hier sind die Kosten für die Händler derzeit zu hoch, so dass für sie kaum ein Anreiz besteht, mobile Transaktionen zu unterstützen, insbesondere bei Kleinbeträgen. Solange es bei den Kosten bleibt, wird sich an der Situation wenig ändern.
Alles in allem sieht sich die ANZ bestens positioniert, um im Bereich Mobile Payments ein gewichtiges Wort mitreden zu können.

New Banking mit Alibaba

In China schickt sich die Alibaba-Gruppe an, das Gesicht des Banking zu verändern, wie u.a. aus dem Artikel *' libaba Forges ' head with Bid to Transform Banking Industry*[121] hervorgeht. Im September schloss Alibaba eine Kooperation mit der China Minsheng Bank. Die Zusammenarbeit erstreckt sich auf die Gebiete wealth management, directbanking und credit card services. Als Grund für die Kooperation gibt die Minsheng Bank die große Kundenbasis und die Data Mining - Expertise von Alibaba an.
Alibaba wiederum kann von der Expertise der Minsheng Bank profitieren, vor allem im Risikomanagement.

---

120 Paul Smith: Silicon Valley lessons for ANZ tech, Financial Review vom 05.11.2013

121 Wu Hongyuran, Yang Lu, Zhang Bing: Alibaba Forges Ahead with Bid to Transform Banking Industry, Caixin Online vom 17.10.2013

Einige kritische Stimmen sehen den Vorstoss von Alibaba in das Bankgeschäft damit auch an sein Ende angelangt. Zu schwach sei Alibabas Kapitalbasis und Banking-Expertise, um für die Banken eine ernsthafte Konkurrenz darstellen zu können. Auch verfüge Alibaba nicht über die nötigen Informationen, um die Kreditwürdigkeit der Kunden richtig einschätzen zu können.

Insbesondere der letzte Punkt bedarf einer Kritik. Schon jetzt verfügen Anbieter wie Amazon, PayPal wie auch die Telekommunikationsgesellschaften über genügend Informationen, um die Kreditwürdigkeit eines Kunden - auch ohne Zwischenschaltung einer Bank - auf valider Basis beurteilen zu können. Bei Alibaba verhält es sich nicht anders. Anbieter wie Wonga und Kreditech haben ihre eigenen Scoringverfahren entwickelt, deren Treffgenauigkeit sich im marktüblichen Bereich bewegt.

Schwerer wiegt da schon die Aussage von Seiten der Minsheng Bank, sie gehe nicht davon aus, dass Alibaba als Vollbank am Markt auftreten wird. Dafür seien die regulatorischen und gesetzlichen Hürden zu hoch. Kooperationen mit Banken seien daher für Alibaba bis auf Weiteres die bessere Alternative.

Dennoch hat Alibaba über ihre Tochter Alipay eine Mehrheitsbeteiligung an der *Tiahong ' sset Management* erworben. Damit kann sich Alibaba nicht mehr länger dem Sog der regulatorischen Anforderungen für Banken entziehen ...

Personal Finance Management: Weniger, aber besser (Less but better)

In dem Beitrag *What Engagement Banking Needs Is Less Engagement*[122] tritt Jeanine Skowronski ein wenig auf die Euphoriebremse, was das Personal Finance Management angeht.
Skowronski schildert ihre Eindrücke, die sie auf der aktuellen *Finnovate* hat sammeln können. Statt die Tools für das Personal Finance Management mit immer neuen Funktionen/Services vollzustopfen, für die die Nutzer eigentlich keine Verwendung haben und eher Verwirrung stiften als Orientierung geben, sollten die Banken und Hersteller Tools anbieten, die das Leben der Kunden oder, nicht ganz so ambitioniert, das Handling vereinfachen. Kurzum: Funktionsorientiertes Design statt L' art pour l'art.

Kaum ein Designer der vergangenen Jahrzehnte repräsentiert diese Haltung so sehr wie Dieter Rams, der legendäre Chefdesigner von Braun. Von ihm stammt auch der Wahlspruch: *Weniger, aber besser.*

Seine zehn Thesen[123] zum Design sind auch für das Banking geeignet:

1. Gutes Design ist innovativ
2. Gutes Design macht ein Produkt brauchbar
3. Gutes Design ist ästhetisch

---

[122] Jeanine Skowronski: What Engagement Banking Needs Is Less Engagement, American Banker vom 12.09.2013

[123] Dieter Rams: Weniger, aber besser / Less but better, 2004

4. Gutes Design macht ein Produkt verständlich, erhöht seine Selbsterklärungsfähigkeit
5. Gutes Design ist unaufdringlich
6. Gutes Design ist ehrlich
7. Gutes Design ist langlebig
8. Gutes Design ist konsequent bis ins letzte Detail
9. Gutes Design ist umweltfreundlich
10. Gutes Design ist so wenig Design wie möglich

Während einer Podiumsdiskussion am Art Center College of Design in Pasadena, erläuterte Rams sein Credo des Design, wonach Produkte sich auf das Wesentliche konzentrieren und alles Überflüssige weglassen sollten[124]. Produkte haben sich im Hintergrund zu halten und nur dann die Bühne zu betreten, wenn sie benötigt werden. Kein schlechter Rat für das PFM.

Die von Rams formulierten Prinzipien würden im PFM bedeuten, dass Apps in ihrer Grundversion nur Basisfunktionalitäten anbieten sollten, die um weitere ergänzt werden können, sofern Bedarf besteht. In etwa das, was figo derzeit mit seinem Freemium-Modell und, so weit ich sehen kann, die *Fidor Bank* verfolgen.

Bleibt allerdings die Frage, ob es nicht auch Funktionen gibt, die der Anwender erst dann als nützlich erkennt, wenn er sie ausprobiert.

Richtig ist auf alle Fälle, dass PFM nicht zum Selbstzweck werden sollte. Denn nach wie vor gilt, dass die Zeit und auch die zu verwaltenden Finanzen begrenzt sind, d.h. das Kosten-Nutzenverhältnis muss, auf lange Sicht jedenfalls, ausgeglichen sein.
Längst nicht jeder Anwender benötigt Funktionen, die vom Ansatz her fast schon dem Aufgabenspektrum eines Family Office oder einer professionellen Vermögensverwaltung entsprechen. Kritisch wird es ebenfalls, wenn facebook & Co. ins Banking einsteigen und die persönlichen Daten der Kunden vermarkten, die diese zuvor voller Engagement, wenn auch freiwillig, geliefert haben.

Das unterschätzte Potential des Personal Finance Management

Die Bedeutung des Personal Finance Management wird im Bankensektor nach meinem Eindruck derzeit noch unterschätzt. Dabei bietet das PFM für die Banken die Chance, den Kunden einen echten Mehrwert zu liefern und sich als verlässlicher und technologisch aufgeschlossener Partner zu präsentieren. Erkannt haben das Potenzial die Direktbanken, allen voran die ING-DiBa. Marktführer in dem Bereich in Deutschland ist meines Wissens die Schweizer *Crealogix ' G*. Inzwischen kooperiert Crealogix auch mit der Finanz Informatik Technologie Service (FI-TS) aus der Sparkassenorganisation.

Das Personal Finance Management bietet für den Kunden den Vorteil, mehr Transparenz und ein tieferes Verständnis für die eigenen Finanzen bzw. für die

[124] A Conversation With Designer Dieter Rams at Art Center College of Design, April 2013, (Video/ YouTube)

persönliche Ausgaben- und Einnahmesituation zu bekommen. Die Vorteile sind im einzelnen[125]:

- Aggregation: Der Kunde pflegt Geschäftsbeziehungen zu mehreren Finanzdienstleistern und braucht eine konsolidierte Sicht.
- Kategorisierung: Der Kunde möchte wissen, wofür er sein Einkommen ausgibt.
- Budgetierung: Der Kunde will bessere Entscheidungen für seine Ausgaben treffen.
- Finanzplanung: Der Kunde will seine Ziele mit seinen Einnahmen in Einklang bringen.

Eigentlich, so sollte man annehmen, müssten den Anbieter von Anwendungen für das Personal Finance Management ihre Produkte aus den Händen gerissen werden. Dem ist aber nicht ganz so, wie in dem Artikel *Personal Finance Management. Bisher am Kunden vorbei entwickelt!*[126] zu lesen ist.
Lobend erwähnt werden in dem Beitrag die Lösungen von *finanzblick* und *figo.*

Der Markt ist jedenfalls in Bewegung. Im Herbst geht die Plattform Qontis an den Start, ein Gemeinschaftsunternehmen der NZZ und von Crealogix.

Für die Banken bieten PFM-Lösungen, die die in dem Artikel auf *Mobile Zeitgeist* beschriebenen Anforderungen erfüllen, die Chance, den Kontakt mit den Kunden im digitalen Raum nicht zu verlieren. Die Bank, deren PFM-Lösung der Kunde für sein Finanzmanagement einsetzt, hat einen klaren Vorteil. Das gilt auch dann, wenn der Kunde noch über weitere Bankverbindungen verfügt. Die Bank, die ihr PFM beim Kunden platziert hat, sitzt direkt an der Quelle.

Die Entscheidung darüber, welche Lösung für das Personal Finance Management die Kunden einsetzen, liegt jedoch nicht allein in den Händen der Banken. Die Demokratisierung der Finanzwesens lässt sich nicht aufhalten[127]. *Die Bank als Plattform*, die per *Open-' pi* anderen Teilnehmern offen steht.

Neue Anbieter wie figo und Holvi werden das Spektrum an Wahlmöglichkeiten zumindest ergänzen. Von Moven und Bank Simple ganz zu schweigen.

Ein Blick gen Osten, nach Polen, kann auch nicht schaden. Dort ist die mBank dabei, Mobile Banking und Social Media zu verschmelzen. Ein wichtiger Punkt ist dabei auch das Personal Finance Management.

---

[125] Was ist Personal Finance Management? otexx.de, letzter Aufruf am 05.05.2012

[126] Maik Klotz: Personal Finance Management. Bisher am Kunden vorbei entwickelt!, mobile zeitgeist vom 03.05.2013

[127] Finance 2.0 will democratize the industry and bring more power to clients, TechInAsia vom 11.06.2013

Misys übernimmt IND: Ein Ereignis mit Signalwirkung für die anderen Hersteller von Tools für das Personal Finance Management

Von der Übernahme der IND Group durch den Hersteller von Kernbankensoftware Misys geht eine Signalwirkung für die anderen Anbieter von Tools für das Personal Finance Management (PFM) aus.
Erst im letzten Jahr gewann IND (zusammen mit figo, Mydepotcheck und Loylogic) mit seinem Personal Finance Planner den Banking IT-Innovation Award 2013. Lobend erwähnt wurde dabei der Storytelling-Ansatz von IND, der eine weitgehend individuelle Kundenansprache, bezogen auf die jeweilige Lebenssituation, ermöglicht[128].

Der Schritt von Misys, einen der führenden Anbieter im Bereich Digital Banking zu erwerben und die Produkte in die eigene Lösungssuite *Misys Bank Fusion Digital* zu integrieren, ergibt zumindest auf den ersten Blick Sinn. Auf diese Weise erhält Misys Anschluss an die Entwicklung im wachsenden Segment des Personal Finance Management wie überhaupt des *Customer Interaction Banking,* d.h. Misys unterstützt künftig stärker als bisher die Zusammenarbeit, den Dialog der Bank mit den Kunden. Die Beziehung ist damit, wie für die Hersteller von Kernbankensoftware üblich, nicht mehr (nur) transaktions- bzw. abwicklungsorientiert. Schon jetzt verfügt Misys über eine eigene Lösung für Gamification im Banking.
Wie auf *Banking Technology* zu erfahren ist, beabsichtigt Misys den modularen Ansatz von IND zu erhalten, um auch die Einbindung in andere Kernbankensysteme zu gewährleisten[129].

Damit könnte sich eine Konsolidierungswelle im Markt für PFM-Tools anbahnen. Andere Hersteller von Kernbankensoftware könnten dem Beispiel folgen und sich fehlendes Know-How hinzu kaufen.

Das führt zu der Frage: Können die anderen Hersteller von PFM-Tools auf Dauer ihre Eigenständigkeit erhalten? Bleibt als Ausweg nur die Übernahme durch einen Kernbankensoftware-Hersteller oder durch eine Bank, oder die Fusion mit anderen Anbietern?
Andererseits: Kann sich ein Hersteller von PFM-Tools in einem Konzern seine Kultur, seine Innovationsfähigkeit, zumindest Teile davon, bewahren? Die Vergangenheit liefert hier ein uneinheitliches Bild.

Vielleicht aber auch kann der Weg von Yodlee mit seinem Whitelabeling-Ansatz eine Alternative sein. Bisher jedenfalls ist das Unternehmen damit recht erfolgreich. Oder aber die PFM-Hersteller liefern den Banken vorkonfigurierte PFM-Tools. Die Banken übernehmen die Anpassung an ihre Bedürfnisse selbst.

Ein weiterer Ansatz ist, über den Aufbau eines eigenen Ökosystems oder den Anschluss an ein bestehendes die eigene Existenz zu sichern. Kurzum: Zu versuchen, ein Dominantes Design zu entwickeln.

---

[128] Christiane Pütter: Kundennah und innovativ. Die Gewinner des Banking-IT-Awards, CIO vom 17.10.2013

[129] David Barnister: IND acquisition opens chink in competitors' armour for Misys, Banking Technology vom 10.02.2014

Jedenfalls dürfte in den Markt noch mehr Bewegung kommen. Dabei ist es nicht ausgemacht, dass die großen Hersteller das Rennen machen. Allerdings werden es Stand-Alone-Hersteller künftig sehr schwer haben.

Neben den Herstellern von Kernbankensoftware und PFM-Tools sind von der Entwicklung auch die Produzenten von Geldautomaten und Kassensystemen wie NCR und Wincor Nixdorf betroffen. NCR hat sich bereits mit seinem APTRA Mobile Banking Gateway positioniert. Überhaupt ist NCR hier in letzter Zeit sehr umtriebig. Vor einiger Zeit hat das älteste IT-Unternehmen der Welt für 1,65 Mrd. Dollar Data Insight übernommen[130].

Die WIR Bank

Eine Bank, die bereits im Jahr 1934 gegründet wurde, als Beispiel für das New Banking zu zitieren, mag auf den ersten Blick gewagt erscheinen. Der Eindruck ändert sich allerdings, schaut man sich das Geschäftsmodell der schweizer *WIR Bank* näher an. Dem Beispiel lassen sich einige Anregungen zur Überwindung der aktuellen Vertrauenskrise unseres Geldsystems entnehmen.

Das Geschäftsmodell der WIR Bank basiert auf dem genossenschaftlichen Prinzip der Selbsthilfe. Als Antwort auf die Verwerfungen der Weltwirtschaftskrise von 1929 gegründet, hat die WIR Bank ein zinsloses komplementäres Währungssystem in der Schweiz geschaffen. Geld einfach nur zu horten, ist daher unattraktiv. Vielmehr werden die Mitglieder dazu angeregt, Waren und Dienstleistungen von anderen Mitgliedern zu beziehen. Die WIR Bank spricht in dem Zusammenhang von einer systembedingten Solidarität. Mittlerweile sind 60.000 kleine und mittelständische Unternehmen (KMU) in der Schweiz WIR-Verrechner, was einem Anteil von 20% aller schweizer KMUs entspricht.

Da die Mitglieder bevorzugt bei anderen Teilnehmern des WIR-Währungssystem kaufen und an diese verkaufen, ist der Impuls für die regionale Wirtschaft positiv. Auf Befragung geben die Teilnehmer an, dass sie in der Krise kaum Einbrüche bei ihren WIR-Geschäften zu verzeichnen gehabt hätten, die in CHF abgewickelten Umsätze seien dagegen stark zurückgegangen[131]. Einen Vorteil des WIR-Währungssystems sehen die Mitglieder auch in dem Mehrwert des Netzwerks, da dadurch neue, dauerhafte Kontakte entstehen. Es kommt sogar vor, dass Geschäftsleute dem Netzwerk beitreten, nur um mit anderen gezielt in Kontakt zu treten. Eigene Messen bieten den Mitgliedern eine weitere Möglichkeit, miteinander ins Geschäft zu kommen. Die Bank nicht als Hüter des Geldes, sondern als Accelerator.

Die auf Silvio Gesell zurückgehende *Freigeld-Theorie,* an der sich das WIR-Währungssystem orientiert, ist nicht unumstritten. Kultstatus erlangte seine Lehre durch das *Wunder von Wörgl.*

---

130 The Deal: NCR Bolsters Mobile Banking, finanzen.net vom 03.12.2013

131 WIR Bank Report - RAI Television (Video/YouTube)

Ob das WIR-Währungssystem als Blaupause für das New Banking dienen kann, darf aus einer Vielzahl von Gründen bezweifelt werden. Trotzdem bietet das Modell einige wichtige Anregungen. Vielleicht schlägt Bitcoin demnächst ein weiteres Kapitel auf.

Svenska Handelsbanken

Eine Bank, die in kein gängiges Schema passt, ist *Svenska Handelsbanken*. Das weniger aus technologischen, sondern vielmehr aus Gründen der Bankorganisation, die betont dezentral ausgelegt ist.
Das Beispiel Handelsbanken wird seit Ausbruch der Finanzkrise immer wieder lobend erwähnt , da es der Bank als einer der ganz wenigen gelungen ist, sie unbeschadet zu überstehen. Aktuell gilt Handelsbanken sogar als die sicherste Bank in der Europäischen Union[132].

Hierzulande einem größerem Kreis bekannt geworden ist Handelsbanken durch Niels Pfläging, der die Bank als Paradebeispiel für das *Beyond Budgeting*, heute *Beta Codex*, zitiert.
Im Jahr 2004 widmete *brand eins* dem schwedischen Geldinstitut unter der Überschrift *No Budget*[133] einen längeren Beitrag. Der Abschied von der klassischen Budgetierung wurde dadurch begünstigt, dass die Bank im Jahr 1970 kurz vor dem Aus stand. Insofern war die Bereitschaft einen neuen, unkonventionellen Weg zu gehen, groß. Diesen Umstand nutzte der damalige Vorstandschef *Jan Wallander*, der die Organisation der Bank radikal umkrempelte, indem er die Budgetierung abschaffte und die Verantwortung dorthin verlagerte, wo sie seiner Ansicht nach hin gehörte: In die Filialen.
Trotz ihrer unbestreitbaren Erfolge und der Anerkennung, tun sich Kommentatoren schwer, das Beispiel als Blaupause für die Bankenbranche zu empfehlen, wie Claire Richardson in ihrem lesenswerten Beitrag *Getting a Handel on sustainable growth in retail banking*[134]. Zu speziell, zu regional sei das Beispiel, um daraus allgemeine Lehren für den Rest der Branche ziehen zu können. Auch die Tatsache, dass Handelsbanken ihren Angestellten keine Bonusprogramme und Zielvereinbarungen bietet, löst ein wenig Irritation aus. Gleichwohl, so Richardson, könne man von dem Beispiel Handelsbanken einiges lernen.

Der Aussage, Handelsbanken sei letztlich nur ein Nischenmodell, widersprach postwendend auf twitter Niels Pfläging:

' half-flawed account of Handelsbanken case. E.g. assumes this can only work in niches. But SHB is largest bank in some countries.

Unterstützung findet diese Aussage dadurch, dass Handelsbanken ihr Geschäftsmodell derzeit mit Erfolg exportieren, z.B. nach Großbritannien[135].

---

132 Svenska Handelsbanken: Die sicherste Großbank der Europäischen Union, Format.at vom 29.07.2013

133 Mathias Irle: No Budget, brand eins 08/2004

134 Claire Richardson: Getting a Handel on sustainable banking, Finextra vom 15.08.2013

135 Ann Törnkvist: Swedish bank lures credit-hungry UK clients, The Local vom 02.08.2013

Von Kritikern kommt häufig der Einwand, der Erfolg von Handelsbanken beruhe weniger auf ihrer unorthodoxen Unternehmensphilosophie, als vielmehr auf der (Risiko-) Strategie des Instituts, die von ihrem Ansatz her konservativ, d.h. risikoscheu sei. Angesichts der Erfahrungen der jüngeren Vergangenheit hätte ruhig mehr Banken diesem Ansatz folgen dürfen. Zumindest ist es kein stichhaltiges Argument, einer Bank, deren Hauptzweck letztlich in der Risikotransformation besteht (Luhmann), gerade das vorzuwerfen. Das wiederum heisst nicht, dass nun alle Finanzinstitute das Beispiel Handelsbanken 1:1 kopieren sollen. Aber einige wesentliche Prinzipien, wie das der Dezentralisierung, keine Bonusprogramme und flexible Ziele sind mindestens eine Überlegung wert. Nicht zuletzt auch deshalb, da sie den Prinzipien der Collaborative Economy, die sich auch im Banking durchzusetzen beginnen, in vielen Punkten entsprechen,

Crowdsourcing bei der Westpac New Zealand

Die ozeanischen Banken unterstreichen einmal mehr ihre Vorreiterrolle im Banking. Der *New Zealand Herald berichtete* über eine landesweite Crowdsourcing-Initiative, The Westpac App Challenge[136].

Ziel ist die Entwicklung einer Banking App für eine schnellere und bedienerfreundlichere Erledigung der Bankgeschäfte.
Hierfür hat die Westpac ein Preisgeld von insgesamt 70.000 $ ausgelobt. Teilnehmen können Einzelpersonen ebenso wie Teams oder Organisationen. Fünf Vorschläge werden für das Finale zugelassen, in dem die Entwickler 15 Minuten für die Präsentation haben. Hiervon werden wiederum zwei für die Entwicklung ausgewählt. Die Entwickler behalten ihre Urheberrechte.

Wichtig ist der Bank, dass die Lösung nicht nur die gewünschte technische Funktionalität, sondern auch ein umfassendes Konzept liefert.

Mondragon Bank

Eine Bank, die den Gedanken des Crowdinvesting bereits vor Jahrzehnten zu ihrem Geschäftsmodell gemacht hat, ist die Mondragon-Bank aus Spanien, genauer gesagt aus dem Baskenland. Gerade heute können Regionalbanken einiges davon lernen.

Die Mondragon-Bank, die eigentlich *Caja Laboral Popular Sociedad Cooperativa de Crédito* heisst, ist Bestandteil der in Spanien sehr bekannten Mondragon Genossenschaft. Mit 103.000 Mitarbeitern gehört sie zu den zehn größten Unternehmen Spaniens.

Gegründet wurde die Mondragon Genossenschaft von dem Priester José Marie Arzimendiarreta im Jahr 1954.
Im Zuge der Expansion und um die Finanzierung der angeschlossenen Unternehmen zu sichern, wurde die Mondragon-Bank gegründet.

---

136 Ben Chapman-Smit: Bank turns to public in quest for new app, The New Zealand Herald vom 24.07.2013

Um die jungen Unternehmen, aber auch bestehende Firmen zu unterstützen, bietet die Bank ein ganzes Bündel von Dienstleistungen an, die auch heute noch ungewöhnlich sind. Joel A. Baker[137] nennt die folgenden:

- Strategische Informationen und Unterstützung sowohl für alte als auch für neue Unternehmen
- Aktuelle Marketingberichte, die neue Produkte und Dienstleistungen vorschlagen, die in der Region und ganz Europa gebraucht werden.
- Eine Belegschaft, die auch erfahrende Führungskräfte einschließt, die neue Kooperativen als Mentoren unterstützend begleiten können.
- Die Bereitschaft, Gründungsinitiativen zu unterstützen, damit neue Arbeitsplätze in der Region geschaffen werden.

Jahre nach Joel A. Baker, im Jahr 2011, griff *Oscar Kjellberg* das Beispiel Mondragon in seinem Beitrag *The Mondragon bank - an old model for a new type of finance*[138] erneut auf. Für ihn verkörpert die Mondragon Bank die Art von Banking, die seiner Ansicht nach in Zukunft dringender denn je benötigt wird, während das klassische Bankgeschäft ausgedient hat. Die Bank der Zukunft definiert sich nicht mehr als Credit Union, sondern als *Investment Union.*

Das Beispiel Mondragon zeigt *einen* Weg, wie die Regionalbanken der zunehmenden Disintermediation, wofür Crowdfunding, Crowdinvesting und das Inhouse Banking exemplarisch sind, Einhalt gebieten bzw. die Modelle miteinander kombinieren können.

mBank in Polen: Pionier in der Verschmelzung von Mobile Banking und Social Media

In dem Beitrag *mBank: the world's first mobile social bank within a bank*[139] berichtete Chris Skinner von der polnischen mBank, die auf einzigartige Weise Mobile Banking und Social Media verschmelzt. Für Skinner in dieser Form weltweit einzigartig.

Die mBank wurde quasi am Reißbrett noch mal neu entwickelt. Befreit von Altlasten gelang es der Bank und den Partnerunternehmen Accenture, Artegence und Meniga das Geschäft an den Bedürfnissen des New Banking auszurichten, und zwar an den Kriterien:

- Real-time marketing
- Personal Financial Management (PFM)

---

137 Joel A. Baker: Das Mondragon-Modell: Ein neuer Weg für das 21. Jahrhundert, in: Organisation der Zukunft. Neue Orientierungen für Verwaltung, Wirtschaft und Gesellschaft, The Drucker Foundation, 1998

138 Oscar Kjellberg: The Mondragon bank - an old model for a new type of finance, Fleeing Vesuvius vom 10.09.2011

139 Chris Skinner: mBank: the world*s first mobile social bank within a bank

- Mobile Banking, und
- Social Media

Das New Banking hat das Planungsstadium endgültig verlassen und gewinnt an Konturen.

Ein Besuch im Bankery in Gütersloh

Mit dem *Bankery* ist das ostwestfälische Gütersloh seit Kurzem um eine Attraktion reicher. Wie die Namensbezeichnung und der Slogan "Bank und Genuss" andeuten, verfolgt die *Volksbank Gütersloh* mit dem Bankery einen neuen, innovativen Ansatz.

Davon konnte ich mich persönlich bei einem Besuch in Gütersloh, wo ich übrigens auch meine Banklehre bei der dortigen Sparkasse absolviert habe, überzeugen.

Die Volksbank Gütersloh betreibt das Bankery getreu ihrem Geschäftsprinzip mit einem einheimischen Gastronomen, d.h. man kann das Bankery auch "nur" für den kulinarischen Genuss nutzen.
Das Bankgeschäft hält sich auf den ersten Blick dezent im Hintergrund.

Die Atmosphäre ist, wie für eine Gastronomie üblich, ungezwungen, fast schon locker. Damit ist vielen Kunden die Schwellenangst, die sie häufig am Betreten einer Bank hindert, genommen. Dadurch, dass die Kommunikation offener ist als sonst, verläuft der Dialog mit den Kunden auch anders, was auch bedeutet, dass die Kunden mit ihrer Kritik nicht hinterm Berg halten, so denn ein Grund dazu besteht.

Kundenberater für spezielle Themen sind zwar nicht ständig vor Ort, können aber bedarfsweise oder nach vorheriger Absprache hinzugezogen werden - auch nach Feierabend.

Das Bankery verwendet die neuesten Technologien. So stehen den Kunden für Informations- und Beratungszwecke mehrere iPads zur Verfügung, die im Layout der Volksbank Gütersloh gestaltet sind. Über eigene Apps kann sich der Kunde/die Kundin über das Angebot und die sonstigen Leistungen und Aktivitäten der Volksbank einen Eindruck verschaffen.

Die *VR-Bank Card Plus* sorgt für die Verbindung zur heimischen Wirtschaft; für eine Regionalbank ein nicht unwesentlicher Punkt.

Erklärtes Ziel der Volksbank Gütersloh mit dem Bankery ist es, die Bank erfahrbar zu machen. Dies gelingt ihr, indem sie mehrere Sinne anspricht:
Die Haptik wird über den Touchscreen des iPads angesprochen, die Symbolik mittels bildhafter Darstellungen wie der eines Lebensbaums, dessen Zweige und Wurzeln die Angebote und Leistungen repräsentieren, und natürlich über die sinnliche Erfahrung beim Essen und Trinken.

Dieses Zusammenspiel macht für mich das Konzept des Bankery einzigartig in der Branche. Darüber hinaus ist das Bankery für die Bank und Kunden ein neuer Ort, an dem man neue Erfahrungen durch die Interaktion untereinander wie auch mit den unterstützenden Technologien sammeln kann. Hinzu kommt für die Bank noch ein Werbeeffekt, was völlig legitim ist. Ebenso wichtig für eine Volksbank ist der regionale Gedanke, wie er durch das Bankery verkörpert wird.

Banking für die Sinne

Eine Branche, deren Produkte, wie bei den Banken, eigentlich nur aus Informationen bestehen, und damit sehr abstrakt sind, tut gut daran, auch die Sinne anzusprechen, wie die Volksbank Gütersloh mit ihrem *Bankery.*
Die zunehmende Verbreitung von Apps rückt Fragen der Haptik in den Vordergrund. Dazu hat sich vor einigen Monaten Matthias Schubert in seinem lesenswerten Beitrag *Das Unsichtbare sichtbar machen*[140] näher geäußert. Die Sparda-Bank Hamburg hat das Bankformat *'Emotional Banking'* kreiert.

Weitere Möglichkeiten bestehen in der Gestaltung der Filialen durch innovative Lichtkonzepte und die Berücksichtigung des vielleicht wichtigsten Sinnes: Der Riechsinn. Hanns Hatt von der Uni Bochum hat dazu über Jahrzehnte geforscht und dabei bemerkenswerte Beobachtungen gemacht und Ergebnisse erzielt.

Banking für die Sinne ist gerade angesichts der Digitalisierung ein wichtiges Instrument, um mit den Kunden, wenn auch nicht persönlich, in Kontakt zu bleiben.

Gotische Kathedralen und die Bank der Zukunft

In den Medien taucht immer wieder mal die *Geschichte* von dem Passanten auf, der vor vielen Jahrhunderten drei Maurer beobachtete, die an der Grundmauer einer Kathedrale arbeiteten. Auf seine Frage, was sie denn dort machen würden, antworteten zwei, sie würden halt Steine bearbeiten bzw. eine Mauer errichten, während der dritte voller Stolz von sich gab:

Ich baue ein Kathedrale.

Der Soziologe Zygmunt Baumann[141] bemängelt an unserer Zeit, dass sie nur noch in Episoden denkt, und nicht mehr, wie im *Zeitalter der Kathedralen,* in Epochen.

Könnte es nicht sein, dass die Bank als Plattform den Mitarbeitern, Lieferanten und Kunden die Möglichkeit bietet, an einem ähnlich Projekt zu arbeiten, wie die Maurer in der Geschichte? Also ebenfalls an etwas Dauerhaftem mitwirken, auch wenn die fertige Kathedrale nur in Umrissen zu erkennen ist?

---

[140] Matthias Schubert: Das Unsichtbare sichtbar machen, Finanzmarketing-Blog vom 04.10.2012

[141] Zygmunt Baumann: Flüchtige Zeiten - Leben in Ungewissheit, Vortrag anlässlich der 16. Karlsruher Gespräche des ZAK vom 11.02.2012

Zur Zukunft der Filialen

An der Frage nach der Zukunft der Bankfiliale scheiden sich die Geister. Für die einen ein Relikt aus vergangenen Zeiten, für das im digitalen Zeitalter kein Platz mehr ist, für die anderen noch immer der Ort, an dem Bank und Kunde von Angesicht zu Angesicht den Beginn einer langfristigen Beziehung besiegeln und durch wiederholte Begegnungen vertiefen.
Dazwischen sind Stimmen zu vernehmen, die ein Sowohl-als-Auch bevorzugen.

An Ideen und Experimenten, wie die Bankfiliale auch in Zukunft noch ein wichtiger Kommunikationskanal mit dem Kunden sein kann, mangelt es nicht. Die BBVA beispielsweise setzt große Erwartungen in ihr Konzept der *Customer Centric Bank (CC Bank)*[142]. Im amerikanischen Bundesstaat Texas versucht die Extraco Bank den Bankbesuch zum einzigartigen Erlebnis zu machen[143]. Die Verbindung von Bankgeschäft und Genuss hat sich das *Bankery* der Volksbank Gütersloh auf die Fahnen geschrieben, wenngleich es sich hierbei um keine klassische Filiale handelt.

Für die Zielgruppe Studenten hat die südafrikanische StandardBankGroup die *Student Branch*[144] ins Leben gerufen.
Die citibank wiederum versucht mit der *Smart Banking Branch*[145], wie in der Metro von Shanghai, die Vorreiterrolle zu übernehmen.

Für einen "Wow-Effekt" will die Erste Bank Austria mit dem *Business Service Center* sorgen, wo den Kunden in einer virtuellen Filiale technikaffine Mitarbeiter der Bank von 7 bis 22 Uhr für Fragen zur Verfügung stehen - auch am Samstag[146].

In den USA testen bereits einige Banken den Einsatz sog. *Smart ' TM's*, die alle Tätigkeiten ersetzen, für die bisher ein Kundenberater am Schalter benötigt wurde[147].

Die Bedeutung der Bankfiliale, daran kann kein Zweifel bestehen, wird sich in Zukunft gravierend wandeln. Ob sie allerdings völlig von der Bildfläche verschwinden wird, ist nicht ausgemacht. Einige Marktbeobachter sagen der Bankfiliale sogar eine Renaissance voraus, wie Dave Martin kürzlich in seinem Beitrag *The Branch Is Dead - Long Live the Branch*[148].

---

[142] Customer Centric Bank - A new service model for reatil banking, BBVA Innovation Center, (Video/ YouTube), letzter Aufruf am 05.05.2014

[143] John Greenwood: Swarm Banking: coming to a branch near you, Financial Post vom 29.04.2011

[144] Welcome To Cachet Park Student Branch - the next generation banking branch, StandardBankGroup (Video/YouTube), letzter Aufruf am 05.05.2014

[145] Citi: Opens Smart Banking Branch in Shanghai Metro, citi, (Video/YouTube), letzter Aufruf am 05.05.2014

[146] Elisabeth Tschernitz-Berger: Der Video-Bankberater, Kleine Zeitung vom 17.04.2013

[147] The future of Banking: Smart ATMs, HLN, (Video/YouTube), letzter Aufruf vom 05.05.2014

[148] Dave Martin: The Branch Is Dead - Long Live the Branch, American Banker vom 16.07.2013

Die menschliche Komponente gibt demnach den Ausschlag für die Filiale. Diese wird jedoch anders aussehen als heute noch üblich. Kunden werden die Banken bei komplexen Fragen aufsuchen, die sie mit einer leibhaftigen Person besprechen wollen.

Martin räumt ein, dass bis zur Wiederkehr der Filiale ein Schrumpfungsprozess durchlaufen wird.

HVB erwägt Schließung eines Großteils ihrer Filialen

Die Ankündigung der HVB, die Schließung eines Großteils ihrer Filialen zu erwägen[149], hat zu erneuten Diskussionen um die Zukunft der Bankfiliale geführt. Die HVB begründet ihren Schritt u.a. damit, dem veränderten Kundenverhalten Rechnung tragen zu wollen. Als Folge der digitalen Revolution im Banking würden die Filialen als Vertriebskanal weiter an Bedeutung verlieren. Einige Kommentatoren sprechen dagegen von einem Kahlschlag[150].

Mit ihrer Haltung steht die HVB nicht alleine da. Auch die Volksbank Siegerland gab auf ihrer jüngsten Jahrespressekonferenz bekannt, dass 9 von 30 Filialen nur noch halbtags geöffnet seien[151]. In den betreffenden Filialen sei die Kundenfrequenz in der Vergangenheit um bis zu 50 Prozent zurückgegangen.

Wie auch immer. Die große Zeit der Filialen scheint vorbei zu sein. So ging nach neuesten Erhebungen die Zahl der Bankfilialen in Deutschland von 2003 bis 2012 von 49.711 auf 38.336 zurück[152].

In einer ersten Reaktion ließen der Sparkassen- und Genossenschaftsverband lt. SZ mitteilen, an der Filiale festzuhalten und sich nicht aus der Fläche zurückzuziehen. Um den Exodus aufzuhalten, teilen sich Sparkassen und Volksbanken in einigen Regionen eine Filiale - auch *Filialsharing* genannt. Das kann m.E. nur eine Übergangslösung sein. Der Trend wird sich damit nicht aufhalten lassen.

In den USA stellen die großen Banken ihre Filialplanungen jedenfalls auf den Prüfstand[153]. Angesichts der wachsenden Verbreitung von Mobile Banking und Mobile Payments machen sich dort Zweifel breit, ob es noch sinnvoll ist, in ein flächendeckendes Filialnetz zu investieren.

---

[149] HypoVereinsbank schließt Hunderte Filialen, Die Welt vom 26.01.2014

[150] Kahlschlag bei HVB: Gewerkschaft spricht von falscher Strategie, BR.de vom 27.01.2014

[151] Volksbank Siegerland ächzt unter Minizins, derwesten.de vom 28.01.2014

[152] Simone Boehringer: Sterben der Bankfilialen. Der Nächste, bitte, SZ vom 28.01.2014

[153] Vaughn Highfield: Mobile Payments are Discouraging Banks from Growing, totalpayments vom 29.01.2014

Weiterhin wird der vielzitierte "demographische Wandel" dazu beitragen, dass immer mehr Bankfilialen verschwinden werden. Schon heute ist für die junge Generation die herkömmliche Bankverbindung längst nicht mehr selbstverständlich[154].

Wir werden auch künftig noch Bankfilialen haben. Nur wird ihre Anzahl weitaus geringer sein als heute. Ebenso werden sich die Ausstattung der Filialen und die Anforderungen an die Bankmitarbeiter deutlich wandeln.

---

[154] Mark Glassman: The Young and the Bankless, businessweek.com vom 09.01.2014

Geschäftsmodellinnovationen im Banking

Auf der Suche nach dem dominanten Design

Der Begriff des dominanten Designs stammt von James Utterback aus seinem Buch *Mastering the Dynamics of Innovation*[155].

Utterback argumentiert, dass ein dominantes Design nicht dasjenige sein muss, das alle (potenziellen) Kundenbedürfnisse befriedigt. Dabei orientiert er sich an dem Prinzip des *Satisfizierens*, wie es Herbert A. Simon in die Computerwissenschaft und Entscheidungstheorie eingeführt hat[156]. Simon zufolge sollten wir bei unseren Entwürfen Lösungen anstreben, die gut genug sind, statt nach der perfekten oder auch nur optimalen Variante zu suchen. Die Zeit reicht nicht aus, um die nötigen Informationen zu besorgen und die Alternativen miteinander zu vergleichen. Dafür ist der Suchraum viel zu groß. Ein Umstand, der sich auch mit Big Data, wenngleich das die Propheten dieser Richtung anders sehen mögen, nicht grundlegend ändern wird.

Utterback spielt damit, zumindest indirekt, darauf an, dass nicht immer die beste und vom Design her anspruchsvollste Lösung das Rennen macht. Beliebtes Beispiel in dem Zusammenhang ist immer wieder MS Windows, das sich am Markt gegen alle anderen Systeme, die, wie bei Apple, deutlich anwenderfreundlicher sind, durchgesetzt hat. Ein Grund dafür ist, neben dem exzellenten Marketing von Microsoft, der Umstand, dass für den Erfolg eines Produkts oder eines Designs entscheidend ist, dass es in möglichst kurzer Zeit eine möglichst hohe Anzahl von Kunden erreicht. Auf diese Weise erzeugt das Angebot einen Lock-In-Effekt. Der Wirtschaftswissenschaftler Brian Arthur spricht in dem Zusammenhang von dem *Gesetz der zunehmenden Erträge*[157]. Oder ganz platt ausgedrückt:

Wer hat, dem wird gegeben.

Kurzum: Das schönste Design und die beste User Experience alleine reichen nicht aus, damit ein Produkt zum Verkaufsschlager wird. Guy Kawasaki, über Jahre für das Marketing von Apple verantwortlich, gab dies rückblickend in seinem Buch *Gesetzte für Revolutionäre*[158] unumwunden zu.
Die Lektion hat Steve Jobs beherzigt und statt nur auf Design und User Experience zu setzen, den Bogen mit dem iPod, dem iTunes, dem iPhone und dem iPad deutlich weiter gespannt und so ein Ökosystem geschaffen, das einen Lock-In-Effekt und ein dominantes Design erzeugt. Das ist die eigentliche Genialität von Steve Jobs.

Im Banking beobachten wir seit einiger Zeit die Platzierung neuer Tools, die dem Kunden über ein anspruchsvolles Design für sich gewinnen wollen. Ein steiniger Weg. Um auf diese Weise Erfolg zu haben, muss das Produkt den Zugang zu einem

---

155 James Utterback: Mastering the Dynamics of Innovation, 1996

156 Herbert A. Simon: Die Wissenschaft vom Künstlichen, 1994

157 „Wer an den Markt glaubt, ist naiv", brand eins 05/2001

158 Guy Kawasaki: Gesetzte für Revolutionäre. Das Kapitalistische Manifest für die neuen Spielregeln am Markt, 1998

Ökosystem öffnen, das nicht so groß sein muss wie das von Apple, das wäre auch vermessen, jedoch groß genug ist, um die kritische Masse an Kunden zu erreichen. Die Early Adopters und technikaffinen Anwender reichen i.d.R. dazu nicht aus. Das Ökosystem, die Crowd würde dann das dominante Design repräsentieren. Hier fehlen uns noch die Erfahrungen. Unmöglich ist es nicht. Es wird allerdings nur sehr wenigen gelingen. Und das werden nicht unbedingt die mit dem schönsten Design und der besten User Experience sein. Auch künftig werden Tools Erfolg haben, die "gut genug" sind.

Neben Apple baut Google seit einiger Zeit ebenfalls an seinem eigenen Ökosystem. Ebenso Amazon und Alibaba. Im Gegensatz zu den anderen Playern, wie Kreditkartenunternehmen und Telekommunikationsunternehmen, haben Apple, Amazon, Google und mit Abstrichen Alibaba den Vorteil, in den wichtigen strategischen Fragen weitgehend autonom entscheiden zu können.

Auch die Banken befindet sich auf den ersten Blick in einer ähnlich komfortablen Ausgangsposition wie Apple, Google & Co.
Allerdings haben sie wegen ihres hohen Alters neben den technologischen Herausforderungen noch mit anderen Problemen zu kämpfen, die sehr vielen von ihnen zum Verhängnis werden wird.

Banking und das Innovator‘s Dilemma

Kaum ein Management-Buch der vergangenen Jahrzehnte hat so viel Resonanz in Unternehmen, Universitäten und der Beratungsbranche ausgelöst, wie *The Innovator's Dilemma*[159] von Clayton Christensen. Darin kam Christensen nach eingehenden Untersuchungen des Innovationsverhaltens verschiedener Branchen, insbesondere jedoch der Computerindustrie, zu dem Ergebnis, dass ehemalige Innovatoren einer Branche nur sehr selten den nächsten tiefgreifenden Innovationsschub überleben. Ursächlich dafür ist, dass die Unternehmen, nachdem sie einmal den Markt mit sog. disruptiven Innovationen umgekrempelt haben, dazu übergehen, das Bestehende mittels inkrementeller Innovationen zu bewahren. Das wiederum führt dazu, dass die gesamte Organisation wie auch das umgebende Netzwerk aus Lieferanten, Kunden und Mitbewerbern sich dem neuen Modus anpassen. Neue Produkte bergen nicht nur die Gefahr, das bestehende Angebot zu kannibalisieren, sie haben zudem den unerfreulichen Nebeneffekt, in der Anfangsphase mehr Geld zu kosten als sie einbringen. Controller und Berater sind häufig nur zu gerne bereit, vor waghalsigen Investitionen zu warnen und stattdessen die Verbesserung des Bestehenden mittels sog. sustaining innovations zu empfehlen.
Viele Unternehmen sind seitdem dem Innovator's Dilemma in der einen oder anderen Weise zum Opfer gefallen. Zuletzt Kodak.

Die Bankenbranche dagegen ist bisher kaum bis gar nicht mit dem Innovator's Dilemma in Berührung gekommen. Wenn Banken aus dem Markt ausscheiden, wie Herstatt, SMH oder die Schmidt-Bank, dann wegen risikopolitischer Fehlentscheidungen und nicht, weil sie einen wichtigen technologischen Wandel

---

[159] Clayton Christensen: The Innovator‘s Dilemma, 1997

verschlafen hätten. Auch die vielen kleinen Privatbanken, die in letzter Zeit in der Schweiz ihr Geschäft aufgegeben oder sich von bestimmten Bereichen getrennt haben, taten dies, weil der regulatorische Aufwand zu groß geworden ist. Bisher jedenfalls haben die Banken in ihrer überwältigenden Mehrheit noch immer rechtzeitig auf die neuen technologischen Herausforderungen reagiert. Selten sind sie Early Adopter, eher schon Imovatoren und Anwender der Copy-Cat-Methode, was keineswegs abwertend gemeint ist. So konservativ wie ihre Kunden in Geldangelegenheiten, so sind auch die Banken in ihrer Geschäftspolitik. Die größten Risiken einer Bank lauern nach wie vor in klassischen Kategorien wie Kreditrisiken, Liquiditätsrisiken und Operationelle Risiken. Letztere umfasst auch Fragen der Technologie.

Demnach alles bestens, möchte man sagen.

Fast.

So sehr die Bankenbranche eigenen Gesetzten, auch im Bereich Neuer Technologien, unterliegt, so sehr leistet diese komfortable Position einem Denken Vorschub, das, zumindest unbewusst, die Zukunft als lineare Fortsetzung der Gegenwart interpretiert. Gerade weil es so lange gut gegangen ist, hat sich in den Banken verständlicherweise eine Haltung herausbilden können, die sich nicht von jedem Mega-Thema aus der Ruhe bringen lässt - auch das keinesfalls abwertend gemeint. Alles in allem war man damit erfolgreich. Während in anderen Branchen die technologischen Vorreiter kommen und gehen, hat sich die Bankenbranche vergleichsweise kontinuierlich entwickelt und wird, wenn überhaupt, nur durch Extremereignisse wie die Finanzkrise, zeitweilig, aus den gewohnten Bahnen geworfen.

Mit dem Internet hat die Technologie jedoch einen anderen Stellenwert bekommen. Konnte man früher den technologischen Wandel durch gezielte Investitionen in die eigene IT-Infrastruktur immer noch irgendwie auffangen, so wird das im Zeitalter der Vernetzung über die Unternehmensgrenzen hinaus immer mehr zum Problem. Der technologische Wandel lässt sich nicht mehr in den Grenzen der eigenen Organisation und auch innerhalb der Branche bewältigen. Die Zeiten sind vorbei.
Die Wertschöpfung vollzieht sich häufig außerhalb der Unternehmensgrenzen, in direkter Interaktion mit den Kunden, Lieferanten und z.T. Mitbewerbern - genannt seien Co-Creation und Crowdsourcing. Neue Allianzen von Unternehmen, die bisher auf unterschiedlichen Märkten agiert haben, bilden sich. Innovative, z.T. auch disruptive Start-Ups drängen in das Kerngeschäft der Banken und sorgen für eine Disintermediation, wie Kabbage, Licuos, Lending Club und unzählige andere. Auch dies ist ein neues Phänomen.
Technologisch innovative und finanzkräftige Unternehmen wie Apple, Google, Amazon und Alibaba knabbern ebenfalls am Stammgeschäft der Banken. Die Kreditkartenunternehmen beginnen sich zu emanzipieren und ihre eigenen Wege zu gehen. Auch das ein relativ neues Phänomen.

Insgesamt also häufen sich die Signale, die darauf hinweisen, dass den Banken ein Innovator's Dilemma droht. Jedoch nicht in technologischer Hinsicht, auch wenn derzeit der Eindruck entsteht, als wäre dies die größte Herausforderung. Das eigentliche Innovator's Dilemma wird viele Banken in den Bereichen

Geschäftsmodellinnovation, Strategische Innovationen und Systeminnovationen treffen. Dieser neue Dreiklang ist die eigentliche Herausforderung.

Daneben wird der Bedarf an Banken, die ein klares, einfach zu verstehendes Geschäftsmodell haben, Banken mit einem speziellen gesellschaftlichen Auftrag wie die Ethikbanken oder die klassischen Spezialbanken wie Leasing- und Absatzfinanzierer steigen. Kurzum, in etwa das, was seit einiger Zeit auch *Limited Purpose Banking* genannt wird.

Rein Technologie-getriebene Banken werden es dagegen schwer haben, ein tragfähiges Geschäftsmodell auf die Beine zu stellen. Sie werden mit dem klassischen Innovator's Dilemma sehr viel schneller Bekanntschaft machen, als ihnen lieb ist.

iBeacon: Systeminnovation mit Apple

Nachdem Apple das Mediengeschäft zuerst mit dem iPod und später mit iTunes von Grund auf verändert hat, sehen viele den Tag näher rücken, an dem das Unternehmen die mobile Zahlungsabwicklung in eine neue Dimension überführen wird, wie Danny Bradbury in seinem lesenswerten Beitrag *Will ' pple Dominate Mobile Payments with iBeacon?*[160] argumentiert.
Darin beschreibt Bradbury die verschiedenen Bausteine, mit denen Apple in den letzten Jahren ein Ökosystem rund um das Thema Payments errichtet hat; sowohl hardware- wie auch softwareseitig, - von iOS7 über Passbook, die iCloud Keychain, den iTunes-Store, die EasyPay Initiative, den iPod, das iPad, das iPhone bis hin zu iBeacon.

Rückblickend betrachtet hat Apple in der Vergangenheit seine Geräte systematisch (?) so ausgestattet, dass sie mit iOS7 in der Lage sind, den vollen Funktionsumfang von iBeacon nutzen zu können.
In gewisser Weise hat Apple hier den Ansatz verfolgt, den Stephen Jay Gould und Elisabeth Vrba einmal als den Wert der Redundanz (Exaptation) bezeichnet haben[161], d.h. in die Geräte oder Software werden Funktionen eingebaut, für die (noch) kein Bedarf auf Kundenseite besteht, die im Fall des Falles aber schnell und ohne allzu großen Aufwand aktiviert werden können. Strategieentwicklung und Softwareentwicklung gehen hier Hand in Hand.

Alles in allem deutet sich hier ein weiteres Paradebeispiel der Systeminnovation aus dem Hause Apple an, jedenfalls im Sinne der Definition von Bruno Weisshaupt.

Im Fall von Apple kommt noch hinzu: Die Bedürfnisse der Kunden im Blick haben, die diese noch gar nicht als solche empfinden.
Abweichungen zu dem von Weisshaupt skizzierten Idealtypus bestehen bei Apple insoweit, als dass Apple bereits einige der Systeme und technischen Lösungen geschaffen hat, die das Unternehmen jetzt nicht mehr revolutionieren muss, sondern

---

160 Danny Bradbury: Will Apple Dominate Mobile Payments with iBeacon?, CoinDesk vom 10.12.2013

161 Stephen Jay Gould, Elisabeth S. Vrba: Exaptation - A Missing Term in the Science of Form, Paleobiology, Vol. 8, No. 1, (Winter, 1982)

für den Ausbau des eigenen Ökosystems nutzen kann. Es hat den Markt und die Kunden bereits in einem Ausmaß mit seinen Lösungen infiltriert, dass einige Hürden nicht mehr genommen werden müssen: Sowohl der Handel wie auch die Kunden sind mit den Geräten und der Software, dem Handling so vertraut, dass hier keine bzw. kaum noch Berührungsängste mehr bestehen.

Wie für Apple typisch, wird es sich dabei aber um ein geschlossenes System handeln. Hier liegen die Risiken für die Kunden und den Handel aber auch die Chancen für den Wettbewerb. So oder so: Die Antwort wird bzw. sollte ebenfalls eine Systeminnovation sein.

Apple hat jedoch einen entscheidenden Startvorteil, der sich aus mehreren Punkten zusammensetzt:

- Apple muss sich über die grundlegende Strategie nur mit sich selbst unterhalten, d.h. der Koordinations- und Abstimmungsaufwand ist deutlich geringer als bei herkömmlichen Kooperationen
- die Einnamen müssen, wenn überhaupt, nur mit wenigen Partnern geteilt werden
- die kritische Masse an Kunden wird quasi aus dem Stand erreicht
- parallel dazu kommt Apple der „Lock-In-Effekt“ zugute.
- ein einheitliches Look & Feel und eine durchgehende User Experience
- bereits hohe Reputation im Bereich der Zahlungsabwicklung.
- das Unternehmen wird als ausgesprochen innovativ und als Hersteller qualitativ hochwertiger Produkte wahrgenommen

Die Mitbewerber müssen in den genannten Bereichen mit Apple gleichziehen, zumindest aber auf Tuchfühlung kommen und bleiben. In der Collaborative Economy nicht unmöglich ..

Zum Verhängnis könnte Apple sein nicht unumstrittener Ruf als Arbeitgeber und Steuerzahler werden, d.h. die Interessengruppen (Stakeholder) könnten die Gefolgschaft irgendwann verweigern.

New Banking: Mehr als nur eine Frage der Technologie

Inzwischen gehört es fast schon zum Allgemeingut, dass die Banken die Digitalisierung ihrer Produkte und Dienstleistungen vorantreiben müssen, um künftig noch am Markt bestehen zu können. Die Zahl der Studien, die immer wieder die Bedeutung des Mobile Banking wie auch neuer Tools, wie für das PFM und Data Mining betonen, nimmt stetig zu. Im Vergleich dazu bleibt der Informations- und Neuigkeitsgehalt häufig auf der Strecke, wie aktuell bei einer gemeinsam von der EFMA und A.T. Kearney durchgeführten Befragung[162]. Vorherrschend ist dabei noch immer das klassische Vertriebsdenken, das vom Produkt und nicht von den Kundenbedürfnissen ausgeht, d.h. die leitende Frage bleibt: Wie können wir die Kundenbedürfnisse auf unsere bestehenden Produkte und Dienstleistungen, die unserem Profitdenken entsprechen, gleichwohl unter Verwendung neuester

[162] Banking in a Digital World, 2013

Technologien, reduzieren. Hinter den Schlagworten Innovation und Omnichannel dominiert weiterhin die Sicht von Innen nach Außen. Die Wertschöpfung vollzieht sich diesem Verständnis nach noch immer innerhalb der eigenen Organisation. Kurzum: Neuer Wein in alten Schläuchen.

Gerade Banken, deren IT-Systeme über Jahrzehnte gewachsen sind und so eine entsprechende Kultur hervorgebracht bzw. begünstigt haben, fällt dieser Sichtwechsel besonders schwer.

In der digitalen Ökonomie erleben wir fast täglich, wie sich Wertschöpfungsketten auflösen und neu formieren. Das gilt im verstärkten Maß auch für das Banking. Die komplette Wertschöpfungskette, auch weite Teile davon, wird künftig keine Bank mehr abdecken können. Die Kunst besteht dann darin, den Teil der Wertschöpfungskette abzudecken, der den größten oder wenigstens den dauerhaftesten Profit verspricht.
Die Rekonstruktion bzw. Neuformierung der Wertschöpfungskette im Banking machen sich derzeit die diversen FinTech Startups zu Nutze, die sich auf bestimmte Elemente konzentrieren, wie z.B. Kabbage oder die P2P-Kreditplattformen.
Entscheidend wird sein, ob es den Neu-Anbietern gelingt, eine auskömmliche Profitzone (Adrian Slywotzky)[163] für sich zu definieren, bevor die Big Player wie Google, Amazon, Alibaba & Co. wie auch die verbliebenen Banken den Markt unter sich aufteilen und die Rolle des Gatekeepers übernehmen. Nur wer über die nötige kritische Masse an Kunden und Geschäftsvolumen verfügt, dessen Angebot so leicht nicht ausgetauscht werden kann und/oder sein Geschäftsmodell leicht skalieren kann, wird seine Position in der Wertschöpfungskette behaupten können. Ein Kandidat könnte Yodlee sein, die es bisher ganz geschickt geschafft haben, aus ihrer Vermittlerposition Kapital zu schlagen.

Geschäftsmodellinnovation im Banking: Brand Profit[164]

Das vielleicht lukrativste Geschäftsmodell, nicht nur im Banking, beruht auf der Attraktivität einer Marke, die durch ihren Vertrauensvorschuss die Kunden an sich bindet und deren Bereitschaft steigert, höhere Preise als für vergleichbare Angebote der Mitbewerber zu bezahlen: Brand Profit.

Das Konzept der Bank als digitale Plattform lässt sich auch mit dem Brand Profit verbinden. Sofern es einem Betreiber gelingt, unter seinem Markennamen, Label, eine Plattform mit hoher und nicht nachlassender Anziehungskraft zur Verfügung zu stellen, sind hier z.T. hohe Einnahmen möglich.

Allerdings bedarf es hierzu einer sehr starken Marke mit entsprechender Finanzkraft und technologischem Know How. Anderenfalls werden Partner sich nur schwer unter die Flagge des Betreibers begeben. Die Marken mit der derzeit wohl stärksten Ausstrahlung und Anziehungskraft in dem Bereich sind Apple, Google, Amazon und

---

[163] Adrian Slywotzky: The Profit Zone. How Strategic Business Design Will Lead You to Tomorrow's Profits, 1997

[164] Die Bezeichnungen Brand Profit, After Sales Profit, Customer Solutions und Switchboard Profit entstammen dem Buch The Profit Zone von Adrian Slywotzky

PayPal. Gelingt es ihnen, die Reputation ihrer Marke und die *user experience* ohne nennenswerte Abstriche auf den Bereich des Banking zu übertragen, wird es für die Banken jedenfalls nicht einfacher.

Geschäftsmodellinnovation im Banking: After Sales Profit

Mittlerweile haben viele Hersteller von Automobilien, Bau- und Büromaschinen ihr Geschäftsmodell um Servicepakte ergänzt, die häufig ein großen Teil zum Gewinn des Mutterkonzerns beitragen. Die Finanzierung hat darin einen hohen Stellenwert. Adrian Slywotzky bezeichnet dieses Modell als *' fter Sales Profit*.

Das Modell des After Sales Profit hat große Ähnlichkeit mit dem Geschäft der Autobanken und Leasinggesellschaften. Hier werden die größten Profite häufig erst bei dem Verkauf des Objektes erzielt, sofern dieser über dem veranschlagten Restwert liegt, was bei Autos nicht ohne Brisanz ist.

Mittlerweile bieten die Autobanken und Leasinggesellschaften ihren Kunden Zusatzleistungen wie spezielle Versicherungen oder im Flottenmanagement eigene Tools für die Verwaltung an. Insofern kommt das Modell, zumindest auf den ersten Blick, vor allem für Objekt-, Absatzfinanzier und die Financial Services diverser Hersteller infrage.

Für Autobanken kommt es in Zukunft verstärkt darauf an, ihre mobilen Angebote im Banking auszubauen.
Die Hersteller Büromaschinen wie Kopierer haben ihr Angebot bereits seit einiger Zeit um die Finanzierung und sog. Managed Print Services ergänzt. Hinzugekommen ist auch die Beratung der Kunden wie z.B. im Total Output Management. Ähnlich verhält es sich bei den Druckmaschinenherstellern. Auch hier bietet sich der Ausbau der mobilen Kanäle an.

Geschäftsmodellinnovation im Banking: Customer Solutions

Bereits vor einigen Jahren hob der ehemalige Vorstandschef der Credit Suisse, Hans-Ulrich Doerig, die wachsende Bedeutung der IT für die Kundenbindung hervor[165]. In etwa zur selben Zeit entwarf Adrian Slywotzky das Modell des *Customer Solutions Profit*.

Mit "Big Data" scheinen sich viele Versprechungen der Vergangenheit auf für das Banking einzulösen. Die Auswertung riesiger Datenmengen in Echtzeit ist im Bereich des Möglichen gerückt. Nicht nur die strukturierte Daten, sondern vor allem die unstrukturierten Daten sind es, die tiefergehende Analysen zum Kundenverhalten ermöglichen.

Darin knüpft sich die Hoffnung, die Wünsche der Kunden vorzeitig zu erkennen, um darauf mit entsprechenden Angeboten, sei es Beratung oder ein Produkt, reagieren zu können. Das Berufsbild des Data Scientist stösst auch bei den Banken auf Interesse. Als großer Vorteil gilt die Tatsache, dass die Banken über Daten verfügen,

---

165 Hans-Ulrich Doerig: Universalbank - Banktypus der Zukunft,1997

die relativ genaue Rückschlüsse auf das Verhalten der Kunden wie auch Marktveränderungen zulassen. Allerdings ist dieser natürliche Startvorteil geringer geworden, da andere Anbieter wie Telekommunikationsunternehmen, Kreditkartenunternehmen oder Internetkonzerne wie Amazon und Google über mindestens ebenso gute Daten verfügen. Dazu kommt noch, dass die Internetkonzerne im Bereich der Programmierung intelligenter Algorithmen einen nicht zu unterschätzenden Vorsprung gegenüber den Banken haben. Kreditplattformen setzten bereits gezielt Matching-Algorithmen ein, die sie sich häufig patentieren lassen. Anbieter wie Kreditech werben damit, zuverlässige Kreditentscheidungen auch bei Kunden ohne Kredithistorie mittels Big Data treffen zu können. Auch hier hat sich der Vorsprung der Banken deutlich verringert. Insofern kommen die Bemühungen der Banken, ihre Kunden besser kennenzulernen reichlich spät.

Sicherlich bieten analytische Applikationen wie SAP HANA oder CRM-Systeme genügend Möglichkeiten, das Bild über den Kunden und seine Bedürfnisse abzurunden und bisher unbemerkte Aspekte, d.h. Wünsche je nach Lebenssituation, ans Licht zu bringen.
Anbieter von PFM-Tools wie *figo* und *IND Personal Finance Planner* gehen gezielt auf die Bedürfnisse der Kunden ein. Die Lancierung personalisierter Angebote wird dadurch erleichtert. Jedoch wird der Kunde auch von anderer Seite mit ähnlichen Verfahren angelockt, Stichwort: Mobile Wallet. Hier bahnt sich ein Wettrüsten an, das hohe Investitionen erfordert bei denen unklar ist, ob bzw. wann sie sich rentieren werden. Es wird für Banken schwer werden, die ganze Bandbreite an personalisierten Diensten bzw. Mehrwertdiensten anzubieten.

Eine Entscheidung darüber, welche Form der Kooperation mit Mitbewerbern oder Zulieferern die erfolgsversprechendste ist, ist unausweichlich. Ein Alleingang ist die riskanteste Alternative.

Welche Tools und strategischen Züge kommen infrage, um die Bedürfnisse der Kunden besser zu bedienen, als in der Vergangenheit? Hier eine kleine Auswahl:

- PFM - Tools wie figo, FD Personal Finance Planner, Finanzblick, Advisor u.a.
- Mobile Geldbörsen wie die O2 Wallet der Volksbank Dortmund
- Kooperationen mit Anbietern aus dem Bereich Mobile Couponing und Mobile Loyalty
- Kooperationen mit Händlern und anderen Dienstleistern, um zusätzlichen Mehrwert für den Kunden zu schaffen, wie z.B. zwischen Crealogix und der NZZ oder wie bei der Hana N Wallet
- Tools bzw. integrierte Lösungen für die Gamification wie z.B. von Misys.
- Tools, die das Relationship-Banking im Bereich der kleinen und mittleren Unternehmen unterstützen, wie Finagraph

Geschäftsmodellinnovation im Banking: Switchboard Profit

Das Geschäftsmodell des Switchboard kommt dem Ansatz der Bank als digitaler Plattform entgegen. Jedoch erfordert das Betreiben einer Plattform andere organisatorische, technologische und personelle Voraussetzungen als sie heute bei den meisten Banken noch gegeben sind.
Die vielversprechendsten Gedanken dazu kommen derzeit von Jeremiah Owyang und Jay Deragon. Um als Plattform für Kunden und Partner attraktiv zu sein, muss der Betreiber für einen stetigen Fluss an Informationen und zielgerichtete Angebote sorgen. Er muss in der Lage sein, Angebot und Nachfrage so effizient und treffgenau wie möglich zusammenzubringen. Die Anziehungskraft der Plattform hängt daher auch von der Qualität der Partner und Zulieferer ab, d.h. von den Aktionen der angeschlossenen Einzelhändler, Kinos, Reisebüros, Versicherungen usw. (Coupons, Geschenkgutscheine, neue Angebote). Weiterhin muss die Möglichkeit für Kunden und Geschäftspartner bestehen, an dem Produktentwicklungsprozess mitwirken zu können. Schlagworte sind Open Innovation, Co-Creation und Crowdsourcing. Beispiele hierfür sind die Bank Leumi, die Crédit Agricole und die Erste Bank in Österreich.

Sollten die Banken sich an Softwareunternehmen orientieren?

Keine Frage: Die Idee besitzt Charme - Banken, die wie Softwareunternehmen am Markt agieren. Kurze Reaktionszeiten, Orientierung an Kundenbedürfnissen, Mitwirkung an der Produktgestaltung (Open Source) - die Liste der Vorzüge ließe sich fortsetzen.
Verglichen damit erscheinen Banken als Relikte einer fernen Vergangenheit: Hierarchisch nach dem Bürokratiemodell Max Webers gegliedert, angereichert um einige Elemente der Prozessorganisation, versuchen sie, in einem Umfeld, das mehr denn je von technologischen Neuerungen bestimmt ist, zu bestehen.
Insofern hat der Ruf, Banken mögen sich an Softwareunternehmen orientieren, seine Berechtigung - wenn, ja wenn Softwareunternehmen wirklich so anders wären. Nur sind sie das wirklich?

Auch hier liegt die Wahrheit in der Mitte.

Pro

Die Forderung, dem Beispiel der Softwarebranche zu folgen, ist nicht nur von eigenen Interessen der Vertreter aus der IT- und Beratungsbranche geleitet. Sie gründet auf dem Wesen des Bankgeschäfts, das in seinem Kern aus reiner Informationsverarbeitung besteht. Produktion und Vertrieb fallen zeitlich zusammen. Die Informationsintensität des Leistungsangebots ist entsprechend hoch. IT und Organisationsstruktur sind nahezu deckungsgleich, die "Fertigungstechnologie" und die Informationskanäle, selbst die informellen, sind eng miteinander verwoben - die IT-Landschaft einer Bank gibt daher einen guten Einblick in das Geschäftsmodell. Gut Gründe also, um eine Bank ähnlich einem Softwareunternehmen zu führen.

James Brian Quinn, Vordenker des "Intelligent Enterprise," hält Banken, Medien- und Kommunikationsunternehmen daher auch für besonders prädestiniert, um durch den gezielten Einsatz von Software Wachstum generieren zu können.
Quinn widmet der *Software Based Innovation* in seinem Buch *Innovation Explosion. Using Intellect and Software to Revolutionize Growth Strategies*[166] ein nach wie vor lesenswertes Kapitel.

Angesichts der Tatsache, dass Software wettbewerbskritisch geworden ist, erscheint es plausibel, wenn Banken einen Blick über den Zaun werfen, um aus den Erfahrungen der Softwareunternehmen zu lernen und diese zu adaptieren.

Contra

Obschon einige Softwareunternehmen es über die Jahre verstanden haben, den Geist aus der Gründerzeit wenigstens in Teilen zu erhalten, so kann doch nichts darüber hinweg täuschen, dass auch sie denselben Regeln unterworfen sind, die für alle Organisationen gelten, die in die Jahre gekommen sind. Exemplarisch dafür ist Googles umstrittene Abkehr von der 20-Prozent-Regel[167]. Auch Softwareunternehmen sind Wirtschaftsunternehmen. Wer schon einmal in einem Softwareunternehmen gearbeitet hat, konnte in der Regel die Erfahrung machen, dass ab einer bestimmten Größe, ab 100 - spätestens jedoch ab 150 Mitarbeitern, die Bürokratie exponentiell wächst und die Einhaltung von Prozessen zum obersten Gebot erhoben wird. Statt auf Zuruf geht es fortan nur noch über interne Prozesse und Verfahren, die kein Abweichen zulassen. An der Spitze übernehmen häufig Technokraten das Ruder. Der Umstand, dass die meisten Softwareunternehmen über diese Phase nicht hinauskommen und früher oder später aus dem Markt ausscheiden oder übernommen werden, erklärt sich (neben der Frage der Nachfolge) auch daraus.
Insofern ist der Lerneffekt aus Sicht der Banken überschaubar. Einen nach wie vor guten Überblick über die Höhen und Tiefen der Softwarebranche liefert *Strategiebildung im Softwaregeschäft: Entwurf eines integrierten, ressourcen- und kompetenzbasierten Planungsprozesses*[168] von Gerd Adam Schwandner.

Den Sprung zu einer agilen Organisation schaffen auch Softwareunternehmen eher selten.

Ein Sonderfall sind m.E. derzeit die diversen FinTech Startups, die seit einiger Zeit für frischen Wind in der Bankenbranche sorgen. Hier ist für die Banken der direkte Bezug zum eigenen Geschäftsmodell gegeben. Außerdem agieren die FinTech Startups selber als Anbieter von Finanzdienstleistungen. Damit sind sie schon alleine als Mitbewerber eine intensivere Auseinandersetzung wert, erinnert sei nur an Kabbage, Holvi, Licuos und Moven.

---

[166] James Brian Quinn, Jordan J. Baruch, Karen Anne Zien: Innovation Explosion, Using Intellect and Software to Revolutionize Growth Strategies, 1997

[167] Casey Johnston: Google's 20 percent time is „as good as dead" because it doesn't need it anymore, arstechnica.com vom 17.08.2013

[168] Gerd Adam Schwandner: Strategiebildung im Softwaregeschäft: Entwurf eines integrierten, ressourcen- und kompetenzbasierten Planungsprozesses, 2002

Die entscheidende Hürde aller technologiegetriebenen Initiativen in den Banken sind, mehr als in jeder anderen Branche, bis auf weiteres die nicht-funktionalen Anforderungen (Verfügbarkeit, Ausfallsicherheit, Sicherheit, Bedienbarkeit etc.).

Kurzum: Von einigen Ausnahmen abgesehen, tun die Banken gut daran, ihren Horizont nicht auf die Softwarebranche zu begrenzen. Mindestens ebenso interessant sind Unternehmen aus der Telekommunikations- und der Medienbranche, aber auch Design-Unternehmen wie *frog* oder *Ideo*. Ganz zu schweigen von Unternehmen, deren Branche und Geschäftsmodell erst auf den zweiten oder dritten Blick wichtige Anregungen liefern können, wie z.B. Taxiunternehmen.

Fazit

Dafür, dass die Banken die Bedeutung der Software für ihren langfristigen Geschäftserfolg erkannt haben, spricht einiges: Die Zahl der Softwareentwickler in Diensten der Banken ist dafür ein Beleg.

Die weitaus größere Herausforderung liegt, neben der Fähigkeit zur Geschäftsmodellinnovation, in der Transformation in eine Netzwerkorganisation.

Das gilt übrigens nicht nur für die Banken.

Neue Quellen der Wertschöpfung

Kaum eine Branche ist von den Auswirkungen der Digitalisierung so betroffen, wie die Bankenbranche. Das liegt zum einen an ihrer Rolle als Vermittler und zum anderen an der Beschaffenheit ihrer Produkte und Dienstleistungen.

Durch das Internet sind die Geschäftsanbahnungs-, Such- und Abwicklungskosten (Transaktionskosten) deutlich gesunken. Das bedeutet für die Kunden bessere Vergleichsmöglichkeiten und für neue Anbieter niedrige Eintrittsbarrieren. Angebot und Nachrage können auch ohne Zwischenschaltung eines klassischen Vermittlers bzw. Finanzintermediärs zueinander finden, wie im P2P Lending und Crowdfunding.
Anders als die Hersteller von Konsum- und Investitionsgütern, deren Produkte stofflicher Natur sind, können die Produkte der Banken, die sich letztlich nur aus Informationen zusammensetzen, sehr leicht digitalisiert werden. Je informationsintensiver ein Produkt oder eine Dienstleistung ist, um so mehr unterliegen sie den Prinzipien der Digitalisierung, d.h. Produktion und Vertrieb können nahezu vollständig über das Internet abgewickelt werden. Wie Hans E. Büschgen hervorhob[169], ist die Grenze zwischen Produktion und Vertrieb im Bankgeschäft aufgehoben. Das galt auch schon lange vor dem Einzug des Web 2.0.

Neu hinzugekommen ist nun, dass die Produktion nicht mehr nur innerhalb der Bank, sondern in immer stärkeren Ausmass durch die aktive Beteiligung der Kunden und anderer Partner erfolgt. Schlagwörter, die in dem Zusammenhang häufig fallen, sind Crowdsourcing und Open Innovation Einige Banken wie die Crédit Agricole und

---

[169] Hans E. Büschgen: Bankmarketing, 2001

Westpac binden Kunden und Entwickler über offene Schnittstellen (Open API) bereits in die Produktentwicklung ein. Andere wie die Leumi Bank gewähren Entwicklern Zugriff auf die eigenen Entwicklungsumgebungen.

In den Worten von Adrian Slywotzky kann man sagen, dass sich weite Teile der Wertschöpfung von den Banken zu externen Partnern verlagern. Damit entzieht sich die Wertschöpfung weitgehend der Kontrolle der Banken. Künftig werden Produkte auch bzw. gerade nach der Lieferung noch weiterbearbeitet und verbessert. Ein offener Prozess, der sich nach seinen eigenen Regeln, oder in der Fachsprache übersetzt, mittels Selbstorganisation abspielt.

Die Banken können darauf mit neuen Geschäftsmodellen und strategischen Innovationen antworten. Ein Beispiel ist die Förderung des Plattform-Gedankens. Die Banken können die Rolle des Organisators einer Plattform übernehmen, die unter ihrem Label läuft, in etwa so wie Apple mit iTunes. Jeremiah Owyang propagiert in seinem Modell der *Collaborative Economy*, dass der Plattformbetreiber die Aufgabe hat, die Teilnehmer immer wieder zu neuem Engagement, neuen Ideen anzuregen. Die Erträge daraus kommen allen Teilnehmern zu Gute. Anderseits hat der Betreiber auch die Aufgabe, ständig nach neuen Partnern (Rechtsberatung, Finanzinformationen, Tool-Hersteller (PFM), IT-Infrastruktur, Berater usw.), die zur Wertschöpfung und zum Ideenfuss beitragen können, Ausschau zu halten. Überhaupt hat er das Ökosystem zu pflegen und zu hegen, wie ein Gärtner, wofür er dann auch bezahlt wird. Je nachdem, wie fruchtbar das Ökosystem ist, um so mehr Ertrag kann es liefern. Allerdings ist auch darauf zu achten, zumindest wenn man im Bild bleiben will, dass das Ökosystem nicht kollabiert. Die Frage ist dann allerdings, ob sich die Rolle mit den Prinzipen offener Systeme verträgt, oder ob sich die Betreiberrolle auf mehrere Köpfe - gleichberechtigt - verteilt.

Jedenfalls stehen mehrere Alternativen zur Verfügung - sowohl den Banken wie auch und vor allem neuen Anbietern. Das wiederum erfordert andere als die bisher gültigen Erlös- und Preismodelle, was letztendlich der eigentliche Knackpunkt ist.

Die Fragen sind:

- Wer erhält welchen Anteil an der gemeinsamen Wertschöpfung und wie wird dieser berechnet?
- Welche Leistungen werden überhaupt bepreist und wie werden sie dann bepreist?
- Gibt es in der Sharing Economy künftig vielleicht sogar ganz andere Verrechnungsmechanismen und wie könnten diese aussehen?

Systeminnovation im Banking: Ein Ausblick

Noch immer wird der Begriff *Systeminnovation* vorwiegend im technologischen Sinn verwendet. Demnach wird die Systeminnovation durch das Zusammenspiel von Systemtechnologien mit speziellem System-Know How und Innovationspartnern repräsentiert bzw. initiiert. Kaum überraschend, dass die Veröffentlichungen zum Thema sich an die Vertreter der Industrie richten, wie das ausgesprochen lesenswerte Buch *Initiierung technologischer Systeminnovationen. Wege zur*

Vermeidung von ' bwarteblockaden in Innovationsnetzwerken[170] von Steffen Wettengl.

Von Systeminnovationen in besonderer Weise betroffen ist die Architektur des bestehenden Systems, die dadurch häufig zerstört wird. Dies wiederum ist immer ein tiefer Eingriff in die bestehenden Abläufe, Strukturen und Prozesse - sowohl auf Seiten des Unternehmens wie auch auf Kundenseite.

Ein Schritt also, der wohl überlegt sein will. Um so mehr in der konservativen Bankenbranche.

Fast schon täglich tauchen neue Anbieter, innovative technische Lösungen und Studien auf, die auf die Banken einen beträchtlichen Veränderungsdruck ausüben. Längst nicht jede dieser Veränderungen verlangt nach umgehender Antwort - viele können getrost ignoriert werden, da ausschließlich marketinggetrieben. Jedoch bleibt auch dann noch ein nicht mehr zu übersehender Berg an Problemen, der Fragen nach der Systeminnovation fast schon aufdrängt.

Ob Mobile Banking, Mobile Payment, Crowdfunding, Social Banking, Bankless Banking - die Zahl der Herausforderungen wächst. Ganz zu schweigen von bisher marktfremden Anbietern, die ein einträgliches Geschäft wittern, wie Google, facebook, Apple und andere, die über enormes technologisches und zum Teil auch finanzielles Potential verfügen.
Fest steht, dass es für die etablierten Banken immer schwieriger wird, mit der bestehenden Systemarchitektur dem Wandel Paroli bieten zu können. Die Komplexität ist schon jetzt kaum noch zu bewältigen, um so weniger ist man daher geneigt, einen Eingriff am lebenden System zu vollziehen, dessen Ausgang ungewiss ist. Steffen Wettengl spricht in dem Zusammenhang von einer *' bwarteblockade.*

Um in die Rolle eines Systemführers zu schlüpfen, müsste eine Bank ein Innovationsnetzwerk aufbauen, das z.T. völlig neue Anforderungen an die Organisation stellt.

Neue, branchenfremde Anbieter haben den Vorteil, von Altlasten sog. Sunk Costs weitgehend frei zu sein, d.h. sie können sich die geeignetsten Partner aussuchen, die häufig ebenfalls "unbelastet" sind.
Allerdings verfügen sie (noch) nicht über das nötige Vertrauen der Kunden, deren Wechselbereitschaft sich in überschaubaren Grenzen hält.

Angenommen aber, die etablierten Banken entschließen sich, die bestehende (System-)Architektur über Bord zu werfen - auf welche Ideen bzw. Ansätze können sie dabei zurückgreifen?

Hier bieten sich die Gedanken von Bruno Weisshaupt an, wie er sie in seinem Buch *Syteminnovation. Die Welt neu entwerfen*[171] dargelegt hat.

---

[170] Steffen Wettengl: Initiierung technologischer Systeminnovationen, 1999

[171] Bruno Weisshaupt: Systeminnovation. Die Welt neu entwerfen, 2006

Innovative Wertschöpfungsarchitekturen im Banking - Aktueller Stand und Ausblick

Vor einigen Jahren veröffentlichten Jürgen Moormann und Benjamin Ade ihren nach wie vor lesenswerten Beitrag *Dekonstruktion der Kreditwertschöpfungskette*[172]. Um den Banken ein Mittel an die Hand zu geben, mit dessen Hilfe sie ihr Geschäftsmodell den neuen Markterfordernissen anpassen konnten, entwarfen sie in Anlehnung an die Ansätze verschiedener Autoren (Heuskel, Treacy, Wiersema, Hagel/Singer, Heinrich/Leist) das Konzept der *Innovativen Wertschöpfungsarchitekturen*, das sich aus vier Grundformen zusammensetzt:

- Layer Player, (Schichtenspezialisten)
- Orchestrators (Orchestratoren)
- Market Maker (Pionier)
- Integratoren

Damals wie heute dominieren die Integratoren, d.h. Institute, die einen Großteil der Aktivitäten entlang der Wertschöpfungskette (weitestgehend) in Eigenregie durchführen. Deutlich zugenommen haben in letzter Zeit die Vertreter aus der Gruppe der Market Maker (Pioniere); erinnert sei an die Anbieter aus dem Bereich Crowdfunding, P2P Lending, Personal Finance Management (PFM), Mobile Payments und vor allem: Mobile Wallet, die digitalisierte bzw. mobile Brieftasche.
Allerdings weichen die neuen Market Maker, viele von ihnen FinTech-Start Ups, von den idealtypischen Annahmen ab, da sie weniger darauf bedacht sind, neue Wertschöpfungsstufen in die bestehenden Wertketten einzufügen, als vielmehr durch den Aufbau eines eigenen Ökosystems, einer Plattform, die ganze Wertkette neu zu definieren. Bemerkbar macht sich dieser Trend in besonderer Weise im Bereich der Mobile Wallets.

Sonderfall Mobile Wallet

Nach Ansicht des *Mobey Forum* tun die Banken gut daran, erst gar nicht zu versuchen, eine dominante Rolle im Bereich der Mobile Wallets anzustreben[173], und sich stattdessen mit der Tatsache abzufinden, nur noch ein Spieler unter mehreren zu sein. Zu groß ist inzwischen die Angriffsfläche, als dass eine Bank, ganz gleich welcher Größenordnung, noch alleine imstande wäre, den Wettbewerb auf Distanz halten und die Kunden an sich binden zu können.

Als strategische Optionen stehen mehrere Alternativen zur Verfügung, die letztendlich aber auf die klassische Frage "Make or Buy?" hinauslaufen. Am schwierigsten wird es sein, über eine eigene geschlossene Mobile Wallet Plattform die Kunden an sich zu binden. Beispiel hierfür ist, wenn auch nicht in Reinform, die *Hana N Mobile Wallet*. Allein die technologischen, organisatorischen und personellen Anforderungen übersteigen die Möglichkeiten heutiger Banken. Erfolgsversprechender ist da schon die Option, die Kunden über Mehrwertdienste (Value Addes Services) an sich zu binden und den Ansatz einer offenen Plattform zu

---

172 Benjamin Ade, Jürgen Moormann: Dekonstruktion der Kreditwertschöpfungskette, in: Sourcing in der Bankwirtschaft, 2004

173 Mobey Forum: Mobile Wallet Part 5: Strategic Options for Banks vom 15.10.2013

wählen, die anderen Banken und Partnern wie Handelsunternehmen oder Technologieunternehmen (FinTech Startups, White Labeling-Anbieter), Anbieter mobiler Bezahldienste usw. Einlass gewähren. Jedoch erfordert auch dieser Ansatz ein hohes Maß an technologischem, organisatorischem und personellem Know How. Sinnvoll ist in dem Zusammenhang die Einführung eines einheitlichen Standards in Zusammenarbeit mit anderen Banken, Telkos, Kreditkartenunternehmen u.a. wie die *Mobile Wallet Initiative ' ustria*.

Digitale Währungen

Das größte Veränderungspotenzial könnte von den Digitalen Währungen ausgehen, deren prominentester Vertreter derzeit Bitcoin ist. Einige Autoren erkennen darin sogar die größte Revolution im Banking und eine große Chance für die Banken. Das lässt sich indes nicht mit den bestehenden Wertschöpfungsarchitekturen abbilden. Hierfür benötigen wir neue Ansätze.

' usblick

Der von Ade, Moormann u.a. stammende Ansatz der Innovativen Wertschöpfungsketten im Banking ist trotz einiger altersbedingter Defizite noch immer geeignet, die verschiedenen Rollen der Banken zu erfassen bzw. diese neue zu überdenken. Fundamentale Grenzen des Ansatzes werden dann deutlich, wenn Entwicklungen mit dem Potenzial, das gesamte Marktgefüge bzw. die Rollenmuster von Grund auf zu verändern, wie Mobile Wallets und die Digitalen Währungen, auf den Plan treten. Auch die Entstehung von Plattformen und Ökosystemen lässt sich nur schwer mit den herkömmlichen Wertschöpfungsketten abbilden, da hier auch Faktoren wie Co-Creation und Crowdsourcing zum Tragen kommen. Hier ist noch einiges zu tun.

Auf der Suche nach dem passenden digitalen Geschäftsmodell im Banking

Die fortschreitende Digitalisierung in der Wirtschaft zwingt auch die Banken dazu, ihre Geschäftsmodelle zu überdenken. Während andere Branchen, wenn auch mehr der Notwendigkeit als dem Wunsch folgend, genannt sei die Medienbranche, ihre Geschäftsmodelle schon weitgehend den neuen Realitäten angepasst haben, tut sich die Bankenbranche noch vergleichsweise schwer. Gründe dafür sind die Alt-Systeme, die einem raschen Wandel ebenso im Weg stehen wie die Unternehmenskultur und die informellen Strukturen/Regeln. Nimmt man dann noch den Aufwand für die Umsetzung der regulatorischen Anforderungen hinzu, zeigt sich, dass der Handlungsspielraum der meisten Banken auf ein Minimum begrenzt ist.

Und doch gibt es Banken, die es schaffen, sich ihre Handlungsfreiheit zu bewahren und selbst aktiv an der Digitalisierung im Banking mitzuwirken, wie beispielsweise die spanische BBVA oder die USAA.

Letztere wird von Peter Weill und Stephanie L. Woerner in ihrem lesenswerten Beitrag *Optimizing Your Digital Business Model*[174] als Beispiel dafür herangezogen, wie einer Bank die Implementierung eines digitalen Geschäftsmodells gelingen kann.

Weill und Woerner benennen drei Komponenten eines digitalen Geschäftsmodells:

- Content (What is consumed?)
- Experience (How is it packaged?)
- Platform (How is it delivered?)

Oberste Priorität für USAA hat die Experience. So hat die Bank die Kommunikations- und Interaktionskanäle mit den Kunden vereinheitlicht und die Produktorientierung durch an Lebensereignisse ausgerichtete Angebote ersetzt. Die Bank verfügt organisatorisch über einen *Customer Experience Executive Vice President* und IT-seitig über eine einheitliche Kundendatei wie auch eine gemeinsame Infrastruktur (Shared Services).
Für Aufsehen sorgt USAA im Mobile Banking mit ihrer virtuellen Assistentin Tina.

Nicht für jede Bank wird die Experience an oberster Stelle stehen. Ebenso kann der Content oder die Plattform das Mittel sein, um den Kunden einen entscheidenden Vorteil zu bieten. Allerdings sollten die Banken jede der genannten Disziplinen beherrschen.
Wird jeder Kundenwunsch erfüllt, hat dies häufig direkte Auswirkungen im Back End, d.h. die Zahl der Insellösungen oder "Sonderlocken" steigt und die IT-Landschaft nimmt eine Spaghetti-Form an. Der Middleware kommt dann die undankbare Aufgabe zu, Ordnung ins Chaos zu bringen. Unausweichlich steigen die gegenseitigen Abhängigkeiten an; der Weg in die Komplexitätsfalle ist dann nicht mehr weit.

Eine weitere Bank, die eine aktive Rolle in der Digitalisierung im Banking anstrebt, ist die neuseeländische ANZ. Ganz gleich, welche Prioritäten eine Bank setzt, bleibt nach Ansicht von David Green ein übergeordnetes Ziel.

Weiterhin, so Green, sollte die Bank die Kunden aktiv, z.B. per Alerts, bei der Erledigung ihrer täglichen Arbeit unterstützen. So könnte ein Agent auf Ereignisse bei den Kontobewegungen hinweisen, die ein Eingreifen erfordern bzw. nahelegen, z.B. wenn der Kurs einer ausländischen Währung eine bestimmte Schwelle unter- oder überschritten hat.
Gedanken dieser Art tauchen in letzter Zeit gehäuft auf. Gerne wird der Vergleich mit Amazon gezogen. Die BBVA spricht in dem Zusammenhang vom *Knowledge Banking*.

Damit stellt sich die Frage: Lassen die Digitalisierung und Globalisierung im Banking nur noch die drei von Weill und Woerner genannten Optionen zu ? Mit anderen Worten: Führen die Globalisierung und Digitalisierung zwangsläufig zu einer Vereinheitlichung der Geschäftsmodelle, der Stilarten im Banking? Fallen geographische, kulturelle und politische Faktoren nicht bzw. kaum noch ins Gewicht? Haben kleine, spezialisierte Banken/Finanzinstitute nur noch dann eine Chance,

---

[174] Peter Weill, Stephanie L. Woerner: Optimizing Your Digital Business Model, MIT Sloan Management Review, Spring, 2013

wenn es ihnen gelingt, sich in ein Netzwerk/Ökosystem einzuklinken? Oder aber bekommen wir eine bunte Mischung aus verschiedenen Geschäftsmodellen/Stilarten im Banking?

Ein separater Blick ins Ausland

Brasiliens Bank-IT auf der Überholspur

In letzter Zeit häufen sich die Berichte über die aufstrebenden brasilianischen Hersteller von Bankensoftware.

Die Artikel und Kommentare stimmen in ihrer Einschätzung überein, dass die brasilianischen Hersteller von Bankensoftware und IT-Dienstleister wie *BRQ*, *Nexxera* und *Modulo* weltweit führend in der Abwicklung von Echtzeitoperationen sind. Hier kommt den IT-Unternehmen die galoppierende Inflation der 90er Jahre in Brasilien zugute, die es erforderte, dass die Zahlungen nicht mit Überweisungsfristen von bis zu drei Tagen wie noch bei uns, sondern in Echtzeit abgewickelt werden mussten.

Mittlerweile wird die Transaktionsabwicklung in Echtzeit für die Banken zum entscheidenden Kriterium. Die Kunden sind heute weniger denn je gewillt, längere Bearbeitungsfristen hinzunehmen, da die technischen Voraussetzungen für die Echtzeitverarbeitung längst gegeben sind.

Mit Blick auf den verstärkten Einsatz analytischer Applikationen in den Banken, vor allem im Bereich Gesamtbanksteuerung/Compliance, ist die Fähigkeit zur Echtzeitverarbeitung in der Bank-IT überlebenswichtig.

Die Höhen und Tiefen des New Banking am Beispiel Australien

Nach meinem Eindruck lassen sich am australischen Bank- und Finanzsektor die verschiedenen Grundströmungen im New Banking besonders gut ablesen. In gewisser Weise kann man sagen, dass hier auf einem relativ kleinen, homogenen Markt augenfällig ist, was sich in den anderen Regionen der Welt dem Betrachter wegen der unübersichtlichen Bankenlandschaft nicht so leicht erschließt. Einen guten Einblick liefert der Beitrag *Banks must disrupt their own business model*[175] von Charis Palmer.
Die australischen Banken sehen sich mit zunehmender Konkurrenz sog. Nicht-Banken konfrontiert, die in den Markt für Zahlungsabwicklung eindringen. So plant der Payments-Spezialist eftpos die Lancierung einer zentralen Plattform für die Transaktionsabwicklung, welche die Kontrolle über die verschiedenen Zahlungsströme von den Banken zu eftpos verlagert.

Zur selben Zeit versucht die Zahlungsverkehrsorganisation der australischen Banken (APCA) ein Verfahren für die Transaktionsabwicklung in Echtzeit zu realisieren - mit mäßigem Erfolg. Zu unterschiedlich die verschiedenen Interessen und informationstechnologischen Ausgangssituationen. Es würde Jahre benötigen, um gemeinsam auf einen Stand zu kommen, der dem der bereits heute von den Nicht-Banken angebotenen Leistungen entspricht.

---

[175] Charis Palmer: Banks must disrupt their own business model, itnnews.com.au vom 08.10.2013

Die Banken verfolgen daher ihren eigenen Weg, allen voran die Commonwealth Bank, die nach einer sehr aufwändigen Einführung einer neuen, hochmodernen Kernbankenlösung an der Spitze der Branche ist. Andere Banken, wie die ANZ, scheuen den hohen Aufwand, der mit der Einführung eines neuen Kernbankensystems verbunden ist, und gehen stattdessen dazu über, die umliegenden Applikationen auf den neuesten Stand zu bringen.

Insgesamt sind die Aktionen der vier großen australischen Banken noch sehr bruchstückhaft, d.h. es ist keine einheitliche Stoßrichtung zu erkennen - von allem etwas. Dieser Zustand spielt PayPal, Visa, Bendigo und anderen in die Hände.

Der Rat, die Banken mögen sich der riesigen Datenmengen besinnen, über die sie verfügen, um daraus eine Antwort auf die neuen Herausforderer zu formulieren, ist gut gemeint, jedoch wird dabei übersehen, dass PayPal, Amazon, Google & Co. auch in dieser Disziplin den Banken inzwischen in nichts mehr nachstehen.

Geeigneter ist da schon die Empfehlung an die Banken, ihre Systemlandschaft für Dritte zu öffnen und eine Art App Store für Bankdienstleistungen zu bilden. Die Bank als offene Plattform.

Myanmar (Birma) auf dem Sprung zum Mobile Money?

Wie Lauren Serota von frog design in dem Beitrag *' s Myanmar Opens Up, Will Mobile Money Emerge?*[176] berichtete, versucht ein Projekt, das von dem *Institute for Money, Technology and Financial Inclusion* finanziert wird, herauszufinden, ob und inwieweit Myanmar (ehemals Birma) in der Lage ist, den Sprung in das digitale Zeitalter zu vollziehen. Konkret geht es um die Versorgung weiter Teile der Bevölkerung mit Finanzservices, die über das Mobiltelefon angeboten werden sollen, ähnlich dem Modell von M-Pesa in Kenia.

Myanmar verfügt derzeit über keine dem Westen oder anderen asiatischen Ländern vergleichbare Bankinfrastruktur, weshalb hier ebenso wie in Afrika der Weg über Mobiltelefone der kürzeste wäre.
Unklar ist jedoch, ob die größtenteils in ländlichen Gegenden lebende Bevölkerung ihre Zahlungsgewohnheiten den technischen Möglichkeiten anpassen kann oder will.

frog design hat einige Fragen formuliert, die in dem Projekt eruiert werden sollen. Sie zielen im Kern darauf ab, den *Wirtschaftsstil* des Landes zu identifizieren, um daraus dann Folgerungen für die Gestaltung des Bank- und Finanzwesens, des *Bankstils* ziehen zu können.

Das scheint mir der richtige Weg zu sein.

T-Mobile goes (Bankless) Banking

T-Mobile USA sorgt in letzter Zeit verstärkt für Schlagzeilen. Aktuell richtet sich die Aufmerksamkeit der Medien auf die Ankündigung von T-Mobile, ab Februar ein

[176] Lauen Serota: As Myanmar Opens Up,Will Mobiel Money Emerge?, design mind vom 04.03.2014

Dienstleistungsangebot zu platzieren, das vornehmlich die 68 Millionen Amerikaner im Visier hat, die über kein Bankkonto verfügen[177].
Mittels Pre-Paid Cards sollen auch Personen in den Genuss von Bankdienstleistungen kommen, die von den etablierten Banken gemieden werden.

Das Angebot wirbt damit, dass den Kunden keine Gebühren für den Bargeldbezug an ausländischen Geldautomaten und 42.000 Automaten in den USA berechnet werden. Geldeinzahlungen sind für T-Mobile - Kunden gebührenfrei, wenn sie in einem der T-Mobile Shops vorgenommen werden, was nebenbei die Möglichkeit bietet, mit den Kunden häufiger ins Gespräch zu kommen.

Die im Angebot enthaltene "Mobile Money App" bildet die wichtigsten Funktionen eines Kontos ab. Herausgeber der an die App gekoppelten Debitkarte ist VISA. Bancorp sorgt für die buchungstechnische Abwicklung der Finanz-Transaktionen.

Mit der App können der Kontostand abgefragt, in Geschäften direkt bezahlt sowie Rechnungen an Firmen und Behörden beglichen werden. (Gehalts-) Schecks lassen sich mit der App ebenfalls einlesen. Ein weiterer Vorteil für die Zielgruppe ist, dass Arbeitgeber und Behörden das Geld auf das Mobile Money - Konto überweisen können.

Damit tritt T-Mobile USA in die Fußstapfen von GreenDot und Wal Mart/American Express mit ihrem Bluebird Account. Eigentlicher "Vater" des Gedankens ist M-Pesa aus Kenia.

Als Grund für den Schritt von T-Mobile wird u.a. genannt, dass T-Mobile damit versucht, den lukrativen Markt mit Mobile Payments nicht völlig der Konkurrenz aus Banken und Startups zu überlassen.

Einige Kommentatoren sehen in dem Angebot von T-Mobile keinen Grund zur Sorge, da es sich ohnehin "nur" um Kunden handele, die nicht kreditwürdig seien. Dieser Schluss ist aus betriebswirtschaftlicher Perspektive voreilig und kurzsichtig, ganz abgesehen von anderen Argumenten, die man dagegen vorbringen könnte.

Eher ist darin ein weiterer Schritt auf dem Weg zum Bankless Banking zu sehen. Wer glaubt, es hier nur mit einem Randphänomen zu tun zu haben, wird irgendwann überrascht feststellen, dass dies nur der Anfang der Emanzipation der Kunden von ihrer Hausbank war. Wenn sich erst eimal die Überzeugung gebildet hat, dass es auch ohne die herkömmliche Bank geht, dann lässt der Tornado nicht mehr lange auf sich warten. Die Fin-Tech Startups, die bereits jetzt schon für eine erhebliche Disintermediation im Banking gesorgt haben, sind hier nur Vorboten.

Mobile Payments: USA auf der Suche nach dem Anschluss

Es mag aus deutscher Sicht überraschend sein, dass ausgerechnet die USA dabei sind, technologisch den Anschluss in einer wichtigen Disziplin zu verlieren. Bei den Mobile Payments bleiben die USA jedenfalls deutlich hinter anderen Regionen in der

177 Daniel AJ Sokolov: T-Mobile USA macht in Bankgeschäften, heise online vom 23.01.2014

Welt wie Skandinavien, Afrika und China zurück. In Europa ist neben Skandinavien auch Großbritannien bei den Mobile Payments dem "Kontinent" (vielleicht mit Ausnahme Österreichs) voraus.
Kevin Wack betreibt in seinem Beitrag *Why is our banking system so far behind?* [178] Ursachenanalyse. Nach Meinung einiger mit dem US-Markt vertrauter Bankexperten fehlt es in den USA an Führung bei den Mobile Payments. Noch am besten für die Führungsrolle geeignet sei die FED, die einen gemeinsamen Standard definieren bzw. vorgeben könnte. Im September vergangenen Jahres machte die FED mit dem Paper *Payment System Improvement*[179] einen Vorstoss.
Wack nennt als Vorbild u.a. swish aus Schweden. Damit eine Plattform für Mobile Payments Aussicht auf Erfolg hat, muss sie nach Ansicht eines führenden Vertreters der schwedischen Nordea Bank offen für alle sein.

Dieser Ansicht scheint man auch in China zu sein. Dort wird gerade auf Basis von NFC die erste einheitliche nationale Plattform für Mobile Payments entwickelt[180].

Ein Blick ins benachbarte Kanada dürfte für weitere Ernüchterung sorgen. Inzwischen akzeptieren 75 Prozent der großen kanadischen Einzelhändler das kontaktlose Bezahlen, weshalb es einige auch für das Land in der Welt halten, in dem Mobile Payments als erstes Wurzeln schlagen werden[181].

---

[178] Kevin Wack: Why is our banking system so far behind?, marketplace.org vom 17.02.2014

[179] Payment System Improvement - Public Consultation Paper, The Federal Reserve Bank, 10.09.2013

[180] China pushes mobile payments system, seeks to overtake cash and plastic, rt.com vom 12.02.2014

[181] John Koestler: Why Canada just might be the future of U.S. mobile payments, Venture Beat vom 04.02.2014

Core Banking - Lösungen

Kernbankensysteme: One size fits all?

Das Wirtschaftsprüfungs- und Beratungsunternehmen Ernst & Young kam in einer Studie über die IT-Kosten bei Schweizer Privatbanken zu einigen bemerkenswerten Einsichten[182].
Überraschendes Ergebnis war, dass der IT-Kostenanteil an den gesamten operativen Kosten von Privatbanken, die Eigenlösungen einsetzen, geringer ist als bei denjenigen, die Standard-Kernbankensysteme verwenden.

Dennoch ist es nach Ansicht von E&Y zur kurz gegriffen, daraus automatisch einen Kostenvorteil der Eigenlösungen gegenüber Standardapplikationen abzuleiten. So erfordern Eigenentwicklungen i.d.R. eine größere IT-Abteilung bei den Banken. Außerdem steigen parallel zu den Kosten für die Unterhaltung der Legacy-Systeme die Risiken bei deren Ablösung.
Insgesamt kommt E&Y daher zu dem Schluss, dass der Einsatz von Standard-Kernbankensystemen für Privatbanken die bessere Alternative ist.

Zu einem etwas anderen Ergebnis als E&Y gelangte vor einigen Jahren das Beratungsunternehmen A.T. Kearney in dem Beitrag *Erfolgreiches Management der IT-Komplexität in Banken: Kernbankensysteme für Banken kein ' llheilmittel.*[183].

Darin treten die Autoren ein wenig auf die Euphoriebremse.

Mit ihren Eigenlösungen bisher ganz gut gefahren ist Deutschlands älteste Privatbank in Familienbesitz, das Bankhaus Metzler, wie aus einer Reportage in brandeins[184], allerdings aus dem Jahr 2004, hervorgeht.

Insofern ist und bleibt die Bilanz durchwachsen. Der one-size-fits-all - Ansatz in der Bank-IT lässt auch weiterhin auf sich warten. Viel wäre dagegen schon erreicht, wenn internationale Standards wie BIAN breitere Akzeptanz in der Bank-IT finden würden.

Einige Anmerkungen zur aktuellen Entwicklung auf dem Markt für Core Banking - Lösungen

Die Konzentration auf dem Markt für Core Banking - Lösungen schreitet voran. Penny Crosman berichtete auf *' merican Banker* von oligopolistischen Marktstrukturen in den USA[185]. Dort teilen sich derzeit FIS, Fiserv, Jack Henry und D +H den Markt unter sich auf. Ausländische Anbieter wie Temenos und SAP haben es

---

182 Information Technology in Swiss Private Banking 2013 Survey

183 Torsten Eistert, Konrad Meyer, Alexander Martin: Management der IT-Komplexität: Kernbankensysteme kein Allheilmittel, die Bank, 1/2010

184 Die Wandelverschreibung, brand eins 06/2004

185 Penny Crosman: Can Big Four Core Banking Vendors' Oligopoly Be Broken?, American Banker vom 07.10.2013

schwer, einen Fuß in die Tür zu bekommen, weshalb sie bestrebt sind, mit Referenzkunden die eigene Kompetenz unter Beweis zu stellen. Die Schwierigkeit besteht vor allem darin, die Besonderheiten des Bankgeschäfts in den USA abzubilden; ein Problem, von dem alle Anbieter betroffen sind, die versuchen außerhalb des Heimatmarktes Fuß zu fassen. Die amerikanischen Hersteller von Core Banking - Lösungen werden von ihren Kunden als fachlich gleichwertige Partner, die das Bankgeschäft beherrschen, und weniger als Technologielieferanten wahrgenommen. Bei SAP, IBM und anderen Anbietern ist das (noch) nicht der Fall.

In Deutschland hat die Sparkassenorganisation unter dem Dach der Finanz Informatik ihre IT-Tochterunternehmen zusammengefasst und das Kernbankensystem OSPlus entwickelt, das inzwischen bei nahezu allen Sparkassen im Einsatz ist und auch bei den Landesbanken auf breite Akzeptanz stößt. Der Genossenschaftssektor verfügt derzeit mit der GAD und der Fiducia über zwei Anbieter mit einer eigenen Kernbankenlösung - bank21 (GAD) und agree (Fiducia). Die Deutsche Bank wechselt gerade auf SAP, das ihre Tochter Postbank bereits einsetzt.

Die Entwicklung wird jedenfalls weiter in Richtung Modularisierung gehen. So kündigte Infosys an, ihre Finacle Core Banking-Lösung in einzelne Komponenten aufzugliedern, aus denen sich die Kunden dann die für sie passenden Teile wählen können[186]. Ein Schritt, der mit Blick auf die Entwicklung im Banking Sinn ergibt. Die digitale Bank als Plattform verlangt nach anderen Lösungen, als noch vor einigen Jahren. FinTech Startups sorgen für weitere Bewegung im Markt. Crowdsourcing, wie von der Crédit Agricole mit ihrem *C' Store* betrieben, wird sich weiter durchsetzten. Die Bank als Appstore ist keinesfalls nur Utopie. Anbieter wie Yodlee oder Crealogix, die Plattformen für das Personal Finance Management (PFM) als White Labeling vertreiben, bekommen Auftrieb. Weitere Marktchancen für FinTech Startups tun sich laut Eric van der Kleij von Level39 im Bereich regulatorischer Applikationen auf[187].

Schon sehr weitgehend auf die Bedürfnisse der Bank als Plattform eingestellt, ist das Kernbankensystem *FidorPay* von Fidor Tecs.

Vom Reifegrad der Kernbankensysteme

Angesichts der neuen regulatorischen Anforderungen wie Basel III und dem Wettbewerbsdruck durch neue Anbieter bzw. neue Technologien erscheint es bei den Kernbankenlösungen immer schwieriger, einen Reifegrad zu erreichen, der eine gewisse Stabilität bzw. Kontinuität garantieren kann.

Wenn man dann auch noch die zum Teil höchst unterschiedlichen Geschäftsmodelle der Banken ansieht, Private Banking, Wertpapierbanken, Retail, Wholesale, Spezialbanken, Autobanken und Absatzfinanzierungsgesellschaften kommt das

---

[186] Bibhu Ranjan Mishra: Infosys makes Finacle modular to open newer avenues, Business Standard vom 22.09.2013

[187] Ben Rooney: Regulation Opens Door to FinTech Startup Opportunities, The Wall Street Journal vom 27.09.2013

Vorhaben, eine stabile Lösung für alle Geschäftsarten anzubieten, der Quadratur des Kreises gleich.

Cloud Banking - Sicherheitsrisiko oder Königsweg zum Smart Banking?

In einem Interview mit CIO äußerte sich Željko Kaurin[188], Bereichsleiter Information Technology & Projekt Management bei der ING-DiBa, kritisch zu den Möglichkeiten, das Kernbankensystem aus der Cloud zu betreiben
Mit seiner skeptischen Haltung ist er nicht allein. Insbesondere die nicht-funktionalen Anforderungen wie Wartbarkeit, Ausfallsicherheit, Hochverfügbarkeit, Sicherheit und Mandantenfähigkeit an ein Kernbankensystem sind es, die einen kompletten Schwenk in die Cloud für viele zur Horrorvision machen.

Die Mehrzahl der Banken wird daher wohl einen hybriden Ansatz, eine Mischung aus Private und Public Cloud, verfolgen

Unter den Herstellern von Kernbankensystemen sind es Temenos und Misys, die bereits mit eigenen Lösungen auf das wachsende Marktsegment des Cloud Banking reagiert haben.

So war vor einiger Zeit zu lesen[189], dass die Mikrofinanzinstitute in Kenia auf die Temenos T24 cloud platform setzen.

Da könnte sich ein neuer Markt für die Hersteller von Kernbankensystemen bzw. Bankensoftware auftun. Mein persönlicher Favorit ist nach wie vor *Open Solutions DN'*

Einen hohen Reifegrad hat auch die *FI-TS Finance Cloud* der Finanz Informatik.

Damit sind die Bedenken nicht aus dem Weg geräumt. Ansätze wie die Zukunft des Banking aussehen könnte, ohne in einem Horrorszenario zu enden, existieren bereits. Der Weg dürfte jedoch noch lang und holprig sein.

Cloud Banking mit Mambu

Ein Unternehmen, das ich bisher noch nicht auf dem Schirm hatte, ist das FinTech Startup Mambu aus Berlin. Wie *bankinnovation*[190] berichtete, plant das Unternehmen, das sich mit seinem Produktangebot bisher auf den Bereich Microfinance beschränkte, eine komplette Core Banking - Lösung in der Cloud anzubieten.
Das Unternehmen hofft neue Kunden hinzuzugewinnen, die für das Cloud-Modell empfänglich sind, wozu neben den bereits erwähnten Mikrofinanzinstituten auch innovative Finanzinstitute aus dem Mittleren Osten und Südostasien zählen.

---

188 Ursula Pelzl: „Die Cloud ist ein Sicherheitsrisiko", CIO vom 08.03.2012

189 Lola Okulo: Kenya: MFIs to Benefit From Cheap Banking System, allafrica vom 21.08.2012

190 Philip Ryan: Mambu to Introduce Cloud-based Banking Platform at Finovate Asia Tomorrow vom 12.11.2013

Gegenwind kommt aus Richtung der Datengesetzgebung der Länder, die in der Mehrzahl darauf bedacht sind, dass die Kundendaten das Land nicht verlassen. Inzwischen ist Mambu aber bereits so international ausgerichtet, dass dem neuen Angebot gute Chancen eingeräumt werden.

Digitale Währungen

Digitale Währungen - eine Chance für das Banking?

Nach Ansicht einiger Marktbeobachter haben die digitalen Währungen wie Bitcoin das Potenzial, das Banking zu revolutionieren. Angesichts der Meldungen, die sich inzwischen überschlagen, kann man sich der Euphorie nur schwer entziehen. Kaum ein Tag, an dem nicht von einer neuen Kooperation oder Innovation berichtet wird, wie z.b. über die Premiere des weltweit ersten ATM für Bitcoin[191].

Bitcoin fasst lansgam Fuß in Deutschland

Auch in Deutschland gewinnt das Thema Digitale Währung an Boden, wie die Bitcoin-Konferenz zeigt, die in Köln stattfand[192]. Im ostwestfälischen Herford residiert die Bitcoin Deutschland GmbH, auf deren Seite man Bitcoins kaufen und verkaufen kann.

Technisch schwere Kost

Für den Normalverbraucher ist das Thema Digitale Währung noch sehr gewöhnungs- und erklärungsbedürftig. Allein das Verständnis über die technischen Abläufe, die dafür sorgen, dass Bitcoins erzeugt und in Umlauf gebracht werden können, erfordert versierte Kenntnisse über Verschlüsselung, Netzwerke, Rechenleistungen und Algorithmen. Eine gute Übersicht der verschiedenen Aspekte, die es bei dem Einsatz von Bitcoins zu berücksichtigen gilt, liefern Sorge und Krohn-Grimberghe[193].

Risiken und Hindernisse

Das größte Risiko geht, wie nicht anders zu erwarten ist, von technischen Manipulationen aus. So ist es theoretisch möglich, die sog. "Blockchain" zu manipulieren und dadurch Transaktionen umzuleiten, worauf Sorge und Krohn-Grimberghe wie auch ein kürzlich veröffentlichtes Paper der Cornell-University[194] hinweisen. Auf die Kritik des letztgenannten Papers geht ein Beitrag auf CoinDesk[195] ein.

Chancen

Der Einsatz digitaler Währungen wie Bitcoin bietet allerdings auch viele handfeste Vorteile - sowohl aus Sicht des Handels wie auch der Kunden.
Sorge/Krohn-Grimberghe u.a. nennen gleich mehrere:

---

[191] Peter Liljas: World‘s First Bitcoin ATM Launched in Canada, business.time vom 30.10.2013

[192] Bitcoin-Konferenz in Köln: „Eine virtuelle Währung wird kommen“, WDR.de vom 22.10.2013

[193] Christoph Sorge, Artus Krohn-Grimberghe: Bitcoin: Eine erste Einordnung, 07/2012

[194] Ittay Eyal, Emin Gun Sirer: Majority is not enough: Bitcoin Mining is Vulnerable vom 15.11.2013

[195] Richard Boase: Bitcoin mining network vulnerability ‚not a big deal‘

- Elektronische Überweisungen können mit Bitcoins zu deutlich geringen Kosten durchgeführt werden, als zu den bisher üblichen Gebühren von 1% und mehr.
- Weiteres Argument ist die Irreversibilität der Bitcoin-Transaktionen.
- Die Tatsache, dass eine zentrale Instanz nicht benötigt wird, führt dazu, dass Transaktionen zwischen zwei Parteien nicht von einer Dritten be- und verhindert werden können.
- Kaum Betrugsmöglichkeiten / Fälschungssicher

Ein Wermutstropfen ist allerdings die ungewöhnlich lange Transaktionsdauer, die in den einschlägigen Foren, wie auf CoinForum.de[196], immer wieder beklagt wird.

Litecoin

Ein weiterer, bisher aber weniger beachteter Vertreter aus dem Bereich der digitalen Währungen ist Litecoin. Litecoin ist an das Bitcoin-Protokoll angelehnt, unterscheidet sich von Bitcoin aber dadurch, dass die verschiedenen Berechnungen und Verschlüsselungen effizienter arbeiten und dadurch auf einem gewöhnlichen Rechner durchgeführt werden können[197]. Damit verkürzt sich auch die Transaktionsdauer. Inzwischen gibt es bereits Spekulationen darüber, ob Litecoin eine Revolution im elektronischen Zahlungsverkehr auslösen könnte[198].

Chance für die Banken?

Jon Matonis äußerte sich auf Coindesk geradezu euphorisch über die Möglichkeiten, die Bitcoin den Banken bietet[199]. Die große Chance liegt für die Banken demnach darin, die Rolle zu übernehmen, die der eines Trusted Advisors recht nahe kommt. Auch im Handel mit Bitcoins könnten die Banken ihre Expertise einsetzen. Wie das allerdings in der Praxis aussehen soll, erwähnt der Beitrag nicht. Angesichts des betont dezentralen Ansatzes von Bitcoin und der untergeordneten Rolle, die (Finanz-)Intermediäre darin übernehmen, dürfte es auch nicht einfach sein, hier ein tragfähiges Geschäftsmodell zu entwickeln. Bei den geringen Gebühren ist an der Transaktion kaum etwas zu verdienen, alleine, wenn man die Investitionen in die technische Infrastruktur und die Ausbildung der Mitarbeiter berücksichtigt. Der Handel bzw. die Spekulation mit Bitcoin birgt hohe Risiken. Auch sind die Schwankungen der Währung nicht zu unterschätzen. Inzwischen ist schon von einer "Bictoin-Bubble" die Rede[200]. Ebenso bleibt die Frage der Regulierung zu klären. Hier müssen die Banken ihre Rolle erst noch finden bzw. definieren. Insgesamt befinden sich die großen Handels- und Telekommunikationsunternehmen, Mobile Payments-Anbieter wie PayPal und IT-Konzerne wie Amazon, Apple und Google derzeit in einer deutlich besseren Ausgangsposition.

---

196 Diskussion "6€ mehr bei mtgox" vom September 2013

197 Was genau ist Litecoin?, litecoin.org

198 Vaughn Highfield: Is Litecoin the Start of a Digital Payments Explosion?, totalpayments vom 07.10.2013

199 Jon Matonis: Banking innovation depends on Bitcoin, CoinDesk vom 31.10.2013

200 Alex Wilhelm: The Bitcoin Bubble, TechCrunch vom 06.11.2013

' usblick

Dass digitale Währungen künftig zum Alltag gehören werden - für diese Annahme spricht einiges, sind sie doch in gewisser Hinsicht eine logische Konsequenz der fortschreitenden Technisierung im Banking.

Die Bitcoin-Blase (Robert S. Shiller)

Während die einen in Bitcoin eine Revolution erkennen wollen, die das Banking und die Gesellschaft tiefgreifend verändern wird, sehen andere darin nur eine weitere Blase, wie Robert J. Shiller[201].

Für Shiller zeigt Bitcoin die typischen Symptome einer Spekulationsblase. Befeuert wird für ihn die Euphorie durch die enge Verbindung der Währung mit der Hoch-Technologie. Beide scheinen über schier unbegrenzte Möglichkeiten zu verfügen. Der Hype um Bitcoin hat für Shiller Parallelen zu den "dunklen Zeitaltern".

Mit seiner Meinung steht Shiller nicht alleine. Ende letzten Jahres äußerte *Jesse Colombo* in seinem Beitrag *Bitcoin May Be Following This Classic Bubble Stages Chart* ähnliche Bedenken.

Bitcoin als Ideologie, oder: Selbstbefreiung durch Technologie?

Die Ereignisse um die ehemals größte Bitcoin-Börse der Welt, Mt. Gox, sind ein erneuter, herber Rückschlag für die Verfechter dieser derzeit verbreitetsten digitalen Währung der Welt.
Einige sprechen von einem Einzelfall - nur war dieser "Einzelfall" im vergangenen Jahr die größte Bitcoin-Börse und bis vor kurzem noch immer eine der weltweit führenden.

Ganz abgesehen von den genauen Hintergründen, die zum (vorläufigen) Verschwinden von Mt. Gox geführt haben, die für mich jedenfalls noch unklar sind, erscheint mir die ideologische Komponente nicht minder interessant zu sein. Einen ersten Eindruck vermittelt der Beitrag *The Bitcoin Ideology.*[202]

Irgendwie drängt sich die Vermutung auf, dass die Verfechter von Bitcoin, wie überhaupt der digitalen Währungen, damit Heilserwartungen verbinden - quasi Selbstbefreiung durch Technologie. Was auf politischem Weg nicht möglich ist, soll nun mittels Technologie, quasi durch die Hintertür, gelingen. Der Umbau der Gesellschaft, ja der ganzen Weltwirtschaft durch dezentrale Strukturen, die von keinem Akteur oder sonst einer finsteren Macht kontrolliert werden können. Liquid Democracy in Reinform. Medium ist der vermeintlich neutrale Software-Code,

---

201 Bitcoin is a bubble. Nobel Laureate in Economics, bt.com vom 24.01.2014

202 Alan Feuer: The Bitcoin Ideology, The New York Times, Sunday Review vom 14.12.2013

Robert S. Shillers neueste Gedanken zu Bitcoin und digitalen Währungen

Bereits vor wenigen Wochen ließ Robert S. Shiller verlauten, dass er Bitcoin für einen einzigen Hype, eine typische Spekulationsblase und keinesfalls für eine Innovation hält[203].

Nun muss die Tatsache, dass ein Wirtschaftsnobelpreisträger diese Aussage trifft, nicht bedeuten, dass es sich hierbei um der Weisheit letzter Schluss handelt. Jedoch besitzt Shiller gewiss eine mindestens ebenso große Glaubwürdigkeit wie die Investoren, die von den Bitcoin-Anhängern gerne als Zeugen genannt werden. Ist es nur die Angst vor den neuen Herausforderern, die die Banken, Notenbanken und Regierungen auf Distanz zu Bitcoin gehen lassen?

Die Gedanken, die Shiller in seinem Beitrag *In Search of a Stable Electronic Currency*[204] äußert, scheinen geeignet, etwas mehr Nüchternheit in die Diskussion zu bringen. Bei aller Kritik, sieht Shiller in Bitcoin einen wichtigen Schritt hin zu dem eigentlichen Einsatzfeld digitaler Währungen.

Elektronisches Geld hätte demnach in erster Linie die Aufgabe eines neutralen Wertmessers, der Vergleiche zwischen unterschiedlichen Volkswirtschaften, Währungen und Warenkörbe erleichtert. Das klingt natürlich nicht sonderlich revolutionär.

Man muss Shiller nicht in allen Punkten zustimmen. Jedoch sind die Defizite von Bitcoin, auch gemessen am eigenen Anspruch, so gravierend, dass es sehr schwer sein dürfte, die hoch gesteckten Erwartungen zu erfüllen.

Das Thema digitale Währungen ist damit m.E. nicht erledigt. Hier besteht in der Tat noch viel Potenzial, für das sich noch ganz andere Einsatzmöglichkeiten im Banking finden lassen. Das Experiment geht weiter.

Ist der Weg in die bargeldlose Gesellschaft vorprogrammiert?

An der Frage nach dem Sinn und Zweck des Bargelds in der digitalen Ökonomie scheiden sich die Geister. Gerade in Deutschland hat diese Frage eine fast schon religiöse, existenzielle Bedeutung. Während in anderen Ländern die bargeldlose Gesellschaft voranschreitet, halten wir uns hierzulande mit (übereilten?) Schritten zurück. Die Devise scheint zu lauten: Abwarten.

Die Skepsis in Deutschland gegenüber Bestrebungen, das Geld abstrakter, unstofflicher zu gestalten, hat eine lange Tradition.
Wolfram Weimer beschreibt dieses Phänomen in seinem informativen Buch *Geschichte des Geldes*[205] am Beispiel des Papiergeldes.

---

203 Bitcoin is a bubble. Nobel Laureate in Economics, bt.com vom 24.01.2014

204 Robert S. Shiller: In search of a Stable Electronic Currency, New York Times vom 01.03.2014

205 Wolfram Weimer: Geschichte des Geldes, 1992

Kaum hatte sich die Bevölkerung an das Papiergeld gewöhnt, da brach mit der Einführung des Giroverkehrs im Jahr 1876 bereits ein neues Zeitalter an. Fortan eroberten Überweisungen, Schecks und Lastschriften den Zahlungsverkehr.

Trotz der Neuerungen im Zahlungsverkehr während der letzten Jahrzehnte, die das Geld immer abstrakter haben werden lassen, sind Papiergeld und Münzen nicht völlig verschwunden. Bei allen Nachteilen, so haben Papiergeld und Münzen doch einige nicht zu unterschätzende Vorteile.

Weimer erwähnt in dem Zusammenhang auch den u.a. als Geldpsychologen bekannt gewordenen Günter Schmölders.

Alles in allem sei in Deutschland, so Weimer, die monetäre Nostalgie besonders stark ausgeprägt. Wie die Geschichte jedoch gezeigt hat, war diese Resistenz nicht imstande zu verhindern, dass das Geld abstrakter wurde. Der Weg in die bargeldlose Gesellschaft sei daher, so Weimer, vorprogrammiert.

Demgegenüber unternimmt Birger Priddat in *Kleingeld. Die verborgene Seite des Geldes*[206]*,* frei von Nostalgie, eine Ehrenrettung des Münzgeldes.

Münz- und Papiergeld wirken in einer Zeit, in der digitale Währungen ebenso wie digitale Geldbörsen bald Realität werden könnten, zunehmend anachronistisch. Erstaunlich ist jedoch, dass sie sich, wie im Fall der Münzen, über die Jahrhunderte, Jahrtausende haben behaupten können.

Geld wie überhaupt Zahlungsmittel haben neben der reinen Transaktionsfunktion auch eine wichtige soziale und psychologische Funktion. Diese lässt sich m.E. nicht völlig von der Stofflichkeit trennen. Form braucht Inhalt und umgekehrt.

Geld als Medium: Kaum jemand hat zu diesem Verhältnis so tiefsinnige Gedanken formuliert wie Marshall McLuhan in *Die magischen Kanäle. Understanding Media*[207].

Als Folge des modernen Preissystems, das von Abstraktion und Distanzierung gekennzeichnet ist, verändert sich auch die Rolle des Geldes.
Automation und Beschleunigung schaffen neue Formen des Gelderwerbs durch Spekulation. Das wiederum erhält vor dem Hintergrund des neuesten Buches von Michael Lewis *Flash Boys*[208] wohl neues Gewicht.

Geld, so McLuhan, kann gerade in der Informationsgesellschaft nicht mehr isoliert betrachtet werden.

Da stellt sich die Frage: Gibt es (fundamentale) Grenzen der Informationsbewegung? Vielleicht brauchen wir das Bargeld auch deshalb, um nicht völlig den Bezug zum

---

206 Birger P. Priddat: Kleingeld. Die verborgene Seite des Geldes, 2011

207 Marshall McLuhan: Die magischen Kanäle. Understanding Media, 1992

208 Michael Lewis: Flash Boys. Revolte an der Wall Street, 2014

Geld und damit die Bodenhaftung zu verlieren; obschon auch dies wohl nur eine Illusion ist.

Vielleicht greift aber auch beim Geld das *Rieplsche Gesetz*. Der Weg in die bargeldlose Gesellschaft wäre demnach nicht zwangsläufig.

Social Scoring

Die Beurteilung der Kreditwürdigkeit, der Bonität eines Darlehensnehmers hat für die Banken naturgemäß ein besondere Bedeutung, da Fehlentscheidungen - im Extremfall - die Existenz eines Instituts gefährden, zumindest jedoch die Profitabilität beeinträchtigen können.

Häufig wird gegen die herkömmlichen Methoden zur Beurteilung der Kreditwürdigkeit eines Darlehensnehmers im Privatkundengeschäft, wie im *Credit Scoring,* vorgebracht, dass diese Verfahren in ihrer Betrachtung rückwärtsgewandt seien und daher keine Rückschlüsse auf aktuelle und sich abzeichnende Entwicklungen zulassen.
Die gängigen Verfahren im Credit Scoring, vor allem bei Neukunden, greifen für ihre Bewertung auf verschiedene Datenquellen wie die Schufa und Selbstauskünfte zurück. Bei Bestandskunden besteht dagegen die Möglichkeit, die Kontoführung in der Vergangenheit sowie den persönlichen Eindruck in die Bewertung mit einfließen zu lassen. Bei der Absatzfinanzierung geht noch die Bonität, d.h. die Werthaltigkeit des Objektes in die Beurteilung ein. Ähnlich verhält es sich in der Baufinanzierung.

Durch die sozialen Medien besteht nach Ansicht einiger Branchenkenner nun die Möglichkeit, das Manko des klassischen Credit Scoring zu beheben, da das Internet in Verbindung mit "Big Data" eine Bewertung in Echtzeit ermöglicht. Die Beiträge, die ein Ende des Credit Scores verkünden, nehmen daher zu, wie z.B. *Your Social Score Is the New Credit Score*[209] oder *Why your social media profile might be your next credit score*[210].

Nicht nur, dass viele Informationen im Netz quasi frei verfügbar und zugänglich sind, somit also keine hohen Kosten für die Informationsbeschaffung anfallen, auch die Validität der Daten bzw. Profile ist nach Ansicht einiger Autoren gesichert. Fake-Accounts würden im Netz schnell als solche entlarvt. Echte Profile in den sozialen Medien lassen sich anhand bestimmter Merkmale, wie Anzahl der Freunde, Follower, Gespräche, Erwähnungen usw. erkennen. Social Score-Dienste wie *Klout* tun ihr übriges. Die dahinter stehende Logik lässt sich vereinfacht auf die Formel bringen: Je beliebter, einflussreicher und aktiver ein Nutzer im Netz ist, um so kreditwürdiger ist er - in der Regel - auch. Oder: Sage mir, mit wem du umgehst, und sich sage dir wer du bist.

Inzwischen vertrauen immer mehr Unternehmen auf den Social Score wie *Kabbage* und *Lenddo*. Wie das bei Lenddo funktioniert, beschreibt Jessica Leber in ihrem Beitrag *Can a Credit Score be Crowdsourced?*[211]

Ein anderes Verfahren bietet Moven mit *CREDscore* an.

---

209 Amy Jo Martin: Your Social Score Is the New Credit Score, Huffingtonpost vom 19.12.2012

210 Bill Clerico: Why your social media profil might be your next credit score, venturebeat.com vom 26.05.2013

211 Jessica Leber: Can a Credit Score be Crowdsourced?, MIT Technology Review vom 07.06.2012

Einer der wenigen Beiträge im Netz, der die Vor- und Nachteile sorgfältig abwägt, ist *The 'Social' Credit Score: Separating the Data from the Noise*[212].
Zwar sind die Credit Scoring - Applikationen wie von FICO, dem Pionier der Branche, noch immer integraler Bestandteil der Bonitätsbeurteilung der Finanzinstitute, insbesondere wenn negative Merkmale (Red flags) vorliegen, jedoch nehmen die Merkmale aus den Sozialen Netzwerken immer mehr Raum ein, d.h. der klassische Credit Score wird an den Rand gedrängt. Nach Ansicht einiger Beobachter sind Bewertungsverfahren, die auf den Social Score abstellen, besonders dann sinnvoll, wenn zu dem Antragsteller noch keine Kredithistorie existiert, wie z.B. bei Schul- und Universitätsabgängern. Beim jetzigen Stand problematisch ist allerdings die Trennung zwischen den relevanten Merkmalen und den redundanten und überflüssigen. Mehr Information bedeutet längst nicht auch bessere Qualität.

Ein weiteres Problem ist der Datenschutz, der in Deutschland eine besondere Bedeutung hat. Der Artikel verweist in dem Zusammenhang auf die öffentliche Reaktion auf das sog. *Facebook-Projekt der Schufa*[213]. Die Idee in Deutschland bereits in die Tat umgesetzt hat *Kreditech* aus Hamburg, die Mikrokredite bis zu 500 € vergeben. Der informative Beitrag *Kreditech und Social Scoring*[214] geht näher darauf ein.

Bill Clerico von *WePay*, Autor des bereits erwähnten Artikels *Why your social media profile might be your next credit score*, tritt in einem späteren Beitrag *' Consumer Social Credit Score? I Don't Think so ..*[215] auf die Euphoriebremse. Bevor ein Social Score den Credit Score ersetzen oder im großem Umfang ergänzen kann, müssen die nötigen gesetzlichen Rahmenbedingungen geschaffen werden.

Es wird wohl noch einige Zeit vergehen, bis der Social Score maßgebend für die Kreditwürdigkeitsprüfung wird. Allerdings kann man schon jetzt die Prognose wagen, dass Merkmale aus den Sozialen Netzwerken künftig verstärkt in die Bonitätsbeurteilung eingehen werden.

Social Scoring und Big Data

Dank "Big Data" stehen den Anbietern von Scoring-Dienstsleistungen ganz neue Möglichkeiten offen, wie die Bonität der Schuldner in kürzester Zeit ermittelt werden kann. Einer der Vorreiter ist das deutsche Startup Kreditech, das seine Dienste jedoch (noch) nicht hierzulande anbietet.

Anders als beispielsweise die Schufa, zieht Kreditech für seine Bewertung fast ausnahmslos Informationen heran, die im Netz verfügbar sind, wie auf den Seiten der Sozialen Netzwerke (facebook, twitter, Google+ usw.) oder bei Amazon.

---

212 The 'Social' Credit Score: Seperating the Data from the Noise, knowledge@wharton vom 05.06.2013

213 Facebook-Projekt der Schufa abgeblasen, SZ vom 08.06.2012

214 Kreditech und Social Scoring, blogpilpul vom 24.05.2013

215 Im Netz nicht mehr auffindbar. Ursprünglich erschienen auf dem Firmenblog von WePay

Insgesamt erstellt Kreditech nach eigenen Aussagen auf Basis von 8.000 Variablen innerhalb weniger Sekunden eine valide Einschätzung der Bonität eines Schuldners. In den Medien kursiert seit einiger Zeit für diese Form der Bewertung auch der Begriff "Social Score".

In den Genuss dieser relativ neuen Dienstleistung sollen vor allem Schuldner kommen, über die bisher noch keine (ausreichende) Kredit- bzw. Zahlungshistorie vorliegt. Diese ist bei den herkömmlichen Credit-Scoring-Verfahren jedoch Voraussetzung dafür, dass ein Schuldner überhaupt eine Beurteilung und in der Folge einen Kredit bekommt. Auf diese Weise wären Teile der Bevölkerung vom Kreditmarkt ausgeschlossen.

Kritik an den neuen Verfahren kommt von mehreren Seiten. Einmal von den Datenschützern, die hier nicht ganz zu Unrecht die Privatsphäre verletzt sehen, zum anderen von den Verbraucherschützern, die von überzogenen Zinsforderungen sprechen, die wie bei Wonga Dimensionen erreichen können, die nahe beim Wucher liegen. Weiterhin wird die mangelnde Transparenz der für die Bewertung herangezogenen Algorithmen bemängelt, d.h. es ist für Außenstehende nicht klar, worauf sich genau die Urteile gründen, was angesichts von 8.000 Variablen auch nicht wirklich einfach ist. Wie man überhaupt zu 8.000 Variablen bei Kunden kommt, über die kaum Zahlungsinformationen vorliegen, ist unklar. Die Zahl erscheint mir jedenfalls sehr hoch.

Mehr Informationen bedeuten nicht zwangsläufig eine höhere Qualität; ein Punkt, auf den auch FICO, der Pionier des Credit Scoring, in einem aktuellen Beitrag[216] hinweist.

Zwar wird darin der Wert alternativer Daten für die Bewertung der Bonität eines Kreditnehmers betont, jedoch auch gleichzeitig davor gewarnt, die Daten undifferenziert und willkürlich zu gebrauchen. Gewisse Standards sind daher einzuhalten, wie Regulatory Compliance, Depth of information und Accuracy.

Hier mangelt es nach meinem Eindruck noch bei den neuesten Social-Scoring-Technologien. Ganz abgesehen davon ist die Frage, ob es aus ökonomischer Sicht wirklich so positiv ist, wenn möglichst viele Menschen mit Krediten versorgt werden, wie die Weltbank[217] anmerkt.

Damit ein Social Score seine Vorzüge ausspielen kann, ist ein gesellschaftliches Umfeld nötig, in dem bestimmte Standards zum festen Repertoire gehören, wie regulatorische Bestimmungen, rechtliche Rahmenbedingungen (Vertragsrecht, Datenschutz etc.) und ein Mindestmaß an allgemeiner (finanzieller) Bildung.

---

[216] Frederic Huynh: Secret to Scoring More Consumers? Alternative Data - With A Catch, Fico Banking Analytics Blog vom 11.11.2013

[217] Wal-Mart Stores, Inc:: World Bank says expanded access to banking services comes with risks, 4-traders.com vom 11.11.2013

Social Scoring: Es bleiben einige offene Fragen

Die Bewertung der Kreditwürdigkeit durch Rückgriff auf die Aktivitäten des potenziellen Darlehensnehmers in den sozialen Netzwerken, dessen Ergebnis der sog. Social Score ist, löst nach wie vor zwiespältige Gefühle aus.
Einen guten Einblick in den aktuellen Stand liefert der Beitrag *Borrowers Hit Social-Media Hurdles*[218].

Im Dezember berichtete das WSJ über die Aktivitäten von Kreditech[219].

Eine anderes Licht auf das Thema Konsumentenfinanzierung für Kreditnehmer mit geringer Bonität warf, ebenfalls im Dezember, The Guardian.[220]

Der Gesamteindruck bleibt für mich durchwachsen. Zwar bieten sich für die Kreditnehmer über die Berücksichtigung des Social Score Möglichkeiten, die ihnen ansonsten verwehrt blieben, andererseits kann hier aber auch der Startschuss für den Weg in die Verschuldungsspirale liegen.

Entscheidend ist letztendlich, wofür das Geld benötigt wird. Dient es ausschließlich der Konsumfinanzierung, um einen Lebensstandard zu erreichen, den man sich schlicht nicht leisten kann und auch nicht muss, führen die Angebote von Wonga, Kreditech u.a., wenngleich sie sich unterscheiden, zu sozialem Elend.
Bekommen Existenzgründer oder kleine und mittlere Unternehmen durch Anbieter wie Kabbage Zugang zu Finanzierungsquellen, die ihnen die klassischen Banken nicht gewähren wollen oder können, sieht das schon anders aus.

Was m.E. bleiben wird, ist die Kombination von Daten aus sozialen Netzwerken und der klassischen Kredithistorie. Nicht umsonst berichtet der ganz zu Beginn genannte Artikel davon, dass selbst FICO sich mit dem Thema Social Score beschäftigt.

Die neuen Scoring-Technologien werden beide Aspekte miteinander verbinden.

Soziale Aspekte sind auf die eine oder anderen Weise auch schon früher in die Beurteilung der Kreditwürdigkeit eingeflossen. Ein Punkt, auf den die Regionalbanken immer wieder gerne hinweisen, wenn sie betonen, dass ihre Stärke darin liegt, das Umfeld ihrer Kunden zu kennen.

---

[218] Stephanie Armour: Borrowers Hit Social-Media Hurdles, The Wall Street Journal vom 08.01.2014

[219] Marcus Pfeil: Kreditech - Schufa 2.0, The Wall Street Journal vom 13.12.2013

[220] Zoe Williams: Why does Wonga even exist? It's a question no one on the left asks, The Guardian vom 17.12.2013

Social Trading

Mit der Crowd den Markt schlagen?

Die Verfechter der Effizienzmarkthypothese halten es unmöglich, dass Anleger den Markt dauerhaft oder auch nur über einen längeren Zeitraum schlagen können. Eine etwas andere Position vertritt der legendäre Investor *Warren Buffett*, der sich dabei gerne auf die von *Benjamin Graham* eingeführte fiktive Figur des Mr. Market beruft.

Das Internet bietet inzwischen die Möglichkeit, von den Investmentstrategien erfolgreicher Anleger zu profitieren, indem man sich fast in Echtzeit an ihre Fersen heften kann. Das Schlagwort hierfür ist *Social Trading*.
Nicht wenige sehen in dieser Entwicklung eine weitere ernsthafte Bedrohung für das Geschäftsmodell der Banken. Bekannte Plattformen für das Social Trading im Netz sind u.a. Wikifolio, ayondo und eToro.
Einen guten Überblick über das Marktumfeld liefert der Beitrag *Das Social Web killt den Kundenberater*[221] sowie ein Interview in der *Berner Zeitung* mit dem Finanzjournalisten Andreas Braun[222].

Aber nicht nur die Banken geraten durch das Social Trading unter Druck: Auch die Lieferanten von Finanzinformationen und Anbieter klassischer Handelsplattformen wie Thomson Reuters oder Bloomberg bekommen das veränderte Anlegerverhalten zu spüren.
Die dänische Saxo Bank hat quasi aus der Not eine Tugend gemacht und mit Tradingfloor eine eigene Social Trading - Plattform ins Leben gerufen. Das Beispiel von Saxo zeigt nebenbei, dass Banken im digitalen Zeitalter nicht automatisch in die Defensive gehen müssen.

Ein Begriff, der im Zusammenhang mit neuen Anlagestrategien im Netz häufig fällt, ist die Sentimentanalyse, die auf dem Konzept der Behavioral Finance aufsetzt.

Das Berliner Startup SentiTrade hat das Potenzial frühzeitig erkannt und bietet die gleichnamige Software für Anleger an.

Die Frage, ob man mit Social Trading - quasi als Crowd - den Markt dauerhaft oder zumindest öfter schlagen als gegen ihn verlieren kann, bleibt - für mich jedenfalls - bis auf weiteres offen.

---

[221] Simon Schmidt: Das Social Web killt den Kundenberater, Tagesanzeiger vom 19.10.2013

[222] Simon Schmidt: „Diese Banken sind eine aussterbende Art“, Berner Zeitung vom 18.10.2013

Bedeutung verschiedener Informationsquellen für die Anlageentscheidung - Social Media noch weit abgeschlagen

Ende vergangener Woche veröffentlichte das Deutsche Aktieninstitut eine Studie[223], die sich mit dem Informationsverhalten privater und institutioneller Anleger beschäftigt.
Demnach ist das Vertrauen der Anleger in die Banken erneut gesunken. Andererseits berichtet eine aktuelle Studie von E&Y[224] von einem allmählich steigenden Vertrauen der Kunden in die Banken bzw. das Banksystem. Die Meldungen sind nach wie vor widersprüchlich, weshalb Dirk Elsner auf *BlickLog* titelt: *Banken verlieren zum 5.381 Mal das Vertrauen der Privatanleger - na und*[225]
Vieles deutet für mich beim Thema *Vertrauen in die Banken* auf einen Wendepunkt hin. Entscheidend wird künftig nicht nur das Vertrauen der Kunden in ihre Banken sein, sondern auch das der verschiedenen Interessengruppen (Stakeholder). Diese Sicht kommt noch zu kurz.

Interessant an der Studie finde ich aber die eigentlichen Aussagen zum Informationsverhalten. Demzufolge sind die mit weitem Abstand wichtigsten Informationsquellen der Anleger die eher klassischen Medien wie Zeitungen, Zeitschriften, Wirtschaftssendungen und das Internet. Danach folgen die Geschäftsberichte und Jahresabschlüsse wie auch verstärkt Zwischenberichte. Weit abgeschlagen rangieren dagegen die Sozialen Netzwerke wie twitter, facebook und Blogs. Selbst die noch recht neumodischen Nachhaltigkeitsberichte genießen der Studie zufolge ein höheres Ansehen bei den Anlegern. Die Ergebnisse der Studie variieren je nach Erfahrungsgrad der Anleger.

Allenfalls bei der Gruppe der "Anfänger" vermögen die Sozialen Netzwerke zu punkten. So enthält die Studie auch einige Worte des Trostes für die "Community".

Trotzdem: Social Media spielt derzeit bei der Informationsbeschaffung der Anleger keine große Rolle. Je höher der Professionalisierungsgrad, um so mehr tendieren die Anleger zu den klassischen Finanzinformationslieferanten wie Thomson Reuters oder Bloomberg oder sie greifen direkt auf die Jahresabschlüsse (wie im Unternehmensregister) und Zwischenberichte zurück. Anscheinend besitzen die Platzhirsche hier (noch) einen entscheidenden Vorteil in der Recherche und Darstellung der Informationen. Die *Intelligenz der Vielen*, die derzeit unter dem Begriff Social Trading auch im Banking angekommen ist, hat diesen Vorsprung noch nicht wettmachen können. Jedenfalls legen die Ergebnisse der Studie diese Schlussfolgerung nahe. Für mich ist sie plausibel, oder vielleicht passender: Evident.

Die Tatsache, dass auch Reuters und Bloomberg mit den Sozialen Netzwerken experimentieren bzw. in Teilbereichen bereits auf sie zurückgreifen, zeigt, dass wir hier künftig mit einer weiteren Annäherung rechnen können. Ebenso wird m.E. die

---

[223] Bernhard Pellens, André Schmidt: Verhalten und Präferenzen deutscher Aktionäre, Studie des Deutschen Aktieninstituts, Februar 2014

[224] Consumer Confidence in global bankind industry bounces back, EY's Global Consumer Banking Survey 2014

[225] Dirk Elsner: Banken verlieren zum 5.381 Mal das Vertrauen der Privatanleger - na und, BlickLog vom 17.02.2014

Bedeutung der Unternehmensberichterstattung für die Anleger zunehmen. Stichwort ist das *Integrated Reporting*. Daneben werden Zwischenberichte, Cash-Flow-Analysen etc. m.E. an Bedeutung gewinnen. Hier werden sich die Tools für die Bilanz- und Jahresabschlussanalyse noch weiter entwickeln. Ob und inwieweit das Thema XBRL hier für einen weiteren Schub sorgen kann, ist für mich noch unklar.

Insgesamt werden wir in den nächsten Jahren einen Wettlauf zwischen den "klassischen" Lieferanten von Finanzinformationen und Ansätzen wie dem Social Trading erleben. Parallel dazu werden sich die Tools für die Analyse von Geschäfts- und Zwischenberichten weiter entwickeln. Hier könnte es zu neuen Konstellationen zwischen Informationslieferanten, Plattform-Betreibern, Tool-Herstellern und Banken kommen.

Die Evolution der P2P-Kreditplattformen

Ähnlich wie andere Geschäftsmodelle, durchlaufen auch die P2P-Kreditplattformen verschiedene Lebenszyklen. Ist der Beginn noch von einer intensiven Lernphase und wachsendem Zulauf gekennzeichnet, wechselt das Geschäft, sofern es erfolgreich ist, in den "normalen" Geschäftsbetrieb, bevor es in die Auslaufphase mündet. Die letzte Phase muss dabei nicht das Ende des Betriebs bedeuten, macht aber eine Überarbeitung des Geschäftsmodells dringend erforderlich, wie Adrian Slywotzky in seinem Modell der Value Migration[226] betont.

Es hat den Anschein, als hätten einige Anbieter von Kreditplattformen die zweite Etappe erreicht, wie Lending Club. So beschreibt Marc Prosser in Forbes in seinem Beitrag *The Evolution Of P2P Loans Into Consumer Loans*[227] den Wandel, den Lending Club in letzter Zeit durchlaufen hat. Lending Club fungiert dabei als Vermittler zwischen Kreditsuchenden und privaten Kapitalgebern (Einzelpersonen) sowie institutionellen Investoren (z.B. Hedge Fonds). Belief sich der Anteil von Einzelpersonen an den Investments in den Notes im Jahr 2012 noch auf 78%, sind es im laufenden Jahr 2013 nur noch 56%. Ihren Anteil an den Investments deutlich ausgedehnt haben Hedge Fonds und sog. Financial Adviser.

Für das wachsende Interesse institutioneller Investoren gibt es mehrere Gründe. Zum einen dient es der Risikostreuung innerhalb der Portfolien, da eine geringe Korrelation mit anderen Asset-Klassen besteht bzw. angenommen wird und obendrein hohe Erträge winken, zum anderen in dem ausgereiften Risikomanagement und dem Performance Reporting von Lending Club.

Etwas verhaltener klingt ein Beitrag der New York Times mit dem Titel ' *Step Toward 'Peer to Peer' Lending Securitization*[228] von Peter Eavis. Zitiert wird darin der Hedge Fonds *Eaglewood*, der von einem ehemaligen Lehman-Händler gegründet wurde. Eaglewood bündelte kürzlich einige seiner Lending Club - Darlehen/Investments und verbriefte sie. Eavis erinnert in dem Zusammenhang an die Erfahrungen aus der Finanzkrise, in der Kredite unterschiedlichster Qualität gebündelt und verbrieft wurden. Dem hält Eaglewood die hohe Qualität der Kredite entgegen. Gestützt wird diese Aussagen derzeit von dem guten Zeugnis, das auch andere Investoren der Qualität der Kredite, die Lending Club zum Investment anbietet, ausstellen. Auch gibt Eaglewood an, einen Anteil an den Forderungen in den eigenen Büchern zu halten.

In seinem Buch *P2P Kredite - Marktplätze für Privatkredite*[229] *im Internet* schreibt Fabian Blaesi, dass das Vertrauen der Teilnehmer in die Kreditplattformen vergleichsweise hoch ist, wie eine Online-Umfrage mit Smava-Anwendern ergab (das Buch erschien 2010).

---

226 Adrian Slywotzky: Value Migration. How to think several moves ahead of the competition, 1996

227 Marc Prosser: The Evolution Of P2P Loans Into Consumer Loans, Forbes vom 22.10.2013

228 Peter Eavis: A Step Toward ‚'Peer to Peer‘ Lending Securitization, dealbook.nytimes.com vom 01.10.2013

229 Fabian Blaesi: P2P Kredite. Marktplätze für Privatkredite im Internet, 2010

Erfolgsentscheidend für P2P-Kreditplattformen wird, wie für Finanzinstitute generell, letztlich die Qualität des Risikomanagements sein. Damit lassen sich die Lebenszyklen des Geschäftsmodells relativ gefahrlos durchlaufen.

P2P-Kreditplattformen: Technologisches Wettrüsten unter den Investoren

Wie anderswo auch, man denke an den Dauerbrenner Bitcoin, sind Licht und Schatten ständige, wechselnde Begleiter des P2P-Lending. Derzeit, so mein Eindruck, überwiegen die Schattenphasen. So berichtete die Financial Times[230], dass die großen Investoren wie Hedgefonds mittels sog. sophisticated technologies die besten Happen der von Kreditplattformen wie Lending Club zum Kauf angebotenen Notes wegschnappen, noch ehe die "normalen" Investoren überhaupt wissen, woher der Hase läuft. War es früher ein Zeitraum von Minuten oder gar Stunden, der den potenziellen Investoren zur Suche und Prüfung zur Verfügung stand, sind es heute nur noch Sekunden. 60% der zum Kauf angebotenen Notes gehen inzwischen an die institutionellen Anleger.
Ein weiteres Problem besteht darin, dass viele institutionelle Investoren dazu übergehen, die von ihnen erworbenen Notes zu verbriefen und weiterzuverkaufen. Einige Beobachter sehen darin eine Gefahr für das Finanzsystem.

Einen Schatten wirft auch eine Meldung aus China. Dort häufen sich die Fälle von Kreditplattformen, die nach dem Schneeballsystem agieren, d.h. Kredite von Kunden mit schlechter bzw. eingeschränkter Kreditwürdigkeit hereinnehmen und so lange es geht aus den eingehenden Zins- und Tilgungszahlungen zu finanzieren. Sobald jedoch die ersten Kredite ausfallen, kippt das Erlös-/Geschäftsmodell schnell. So sind in China im 4. Quartal 2013 laut *The Diplomat*[231] 58 Betreiber von P2P-Kreditplattformen pleite gegangen. Mit der derzeit in China geltenden Regulierung sei dem Problem auf Dauer nicht beizukommen, sagt Sara Hsu, Professor für Ökonomie an der State University New York und Experte für das chinesische Banksystem.

Sicher: Die beiden Fälle sind verschieden - die Probleme in den USA sind anderer Natur als die in China. Die, wenn man so will, Kinderkrankheiten der chinesischen Betreiber, haben die US-amerikanischen und auch die europäischen Anbieter, zumindest auf den ersten Blick, überstanden. Dafür lauern nun aber andere Risiken.

Es bleibt spannend.

[230] Tracey Alloway, Arash Massoudi: P2P lenders install investor speed bumps, Financial Times vom 10.02.2014

[231] Sara Hsu: China's Poor P2P Lending Models, The Diplomat vom 12.02.2014

Banken als Risikoverarbeiter

Für den Soziologen Niklas Luhmann besteht das eigentliche Geschäft der Banken in der Risikoverarbeitung bzw. in der Risikotransformation, d.h. die Umwandlung von Risiken in Risiken anderen Zuschnitts[232]. Damit sorgen die Banken dafür, dass der Wirtschaftskreislauf nicht zum Erliegen kommt. Zahlungsausfälle einzelner Akteure, seien es Unternehmen, Kommunen oder Privatpersonen, können aufgefangen werden, ohne dass der Wirtschaftsmotor dadurch gleich ins Stocken gerät. Jedoch kann auch das beste Risikomanagement der Banken keine Sicherheit garantieren, sondern, nach Luhmann, nur den bestmöglichen Umgang mit Unsicherheit. Diese Dienstleistung lassen sich die Banken bezahlen - zu Recht, wenn sie ihre Aufgabe gut machen, wie u.a. Dieter Wermuth anmerkt[233].

Letztendlich handeln Banken mit Zahlungsversprechen. Einerseits mit Zahlungsversprechen, die sie ihren Kunden geben (Einlagen) und andererseits mit den Zahlungsversprechen der Kunden ihnen gegenüber (Kredite). Entscheidend ist für Luhmann dabei der Zeitfaktor.

Wie wichtig für die Banken die Geldbeschaffung über den Interbankenmarkt ist, hat die Finanzkrise nur zu gut gezeigt. Sobald sich die Banken untereinander nicht mehr zutrauen, ihre Zahlungsversprechen einlösen zu können, kann ein existenzbedrohender Liquiditätsengpass die Folge sein, oder um mit dem Luhmann-Schüler Dirk Baecker zu sprechen: Der rechtzeitige Geldanschluss scheitert, wenn die Kosten für die nötige Liquidität die vorhandenen Eigenmittel übersteigen[234].

In ihrer Rolle als Risikoverarbeiter sind die Banken, Stand heute, unverzichtbar, wenngleich die Finanzkrise daran ernste Zweifel hat aufkommen lassen. Mag der Bankenmarkt auch noch so im Umbruch sein, so ist derzeit noch kein ernstzunehmender neuer Anbieter auf der Bildfläche erschienen, der diese Funktion unter den aktuellen Bedingungen besser erfüllen könnte.

Die Frage ist, ob die Verteilung der Risikoverarbeitung auf möglichst viele Akteure, wie auf die Crowd oder Community oder der gezielte Einsatz von Big Data für mehr Sicherheit sorgen kann. Bestimmte Regeln werden sich aber auch damit nicht außer Kraft setzen lassen. Bis zum Beweis des Gegenteils, gilt weiterhin, dass Risiken nur in Risiken anderen Zuschnitts und nicht in (vollständige) Sicherheit umgewandelt werden können. Damit wird eine goldene Regel der Investmenttheorie ihre Gültigkeit behalten, die Peter L. Bernstein in seinem Buch *Wider die Götter. Die Geschichte von Risiko und Risikomanagement von der ' ntike bis heute*[235] erwähnt:

---

232 Niklas Luhmann: Soziologie des Risikos, 2003

233 Mission: Risikomanagement, Frankfurt Main Finance Jahrbuch 2013

234 Dirk Baecker: Womit handeln Banken? - Eine Untersuchung zur Risikoverarbeitung in der Wirtschaft, 1991

235 Peter L. Bernstein: Wider die Götter. Die Geschichte von Risikomanagement und Risiko von der Antike bis heute, 2002

Man kann keine großen Gewinne erwarten, ohne das Risiko großer Verluste einzugehen.

Wachsende Bedeutung haben die Technologierisiken. Hier deutet sich eine neue Dimension an.

US-Banken lagern Kreditverwaltung nach Indien aus

In einem Beitrag berichtete das *Wall Street Journal* von dem Trend bei einigen US-Banken, die Kreditverwaltung auszulagern[236]. Bevorzugtes Ziel ist, wie in anderen Branchen schon länger üblich, Indien.
Dort haben sich vor allem Anbieter wie Tata und Wipro positioniert.

Wie der Artikel hinweist, wird (noch) nicht die gesamte Kreditverwaltung ausgelagert. So verbleibt beispielsweise bei der Citigroup die Hypothekenverwaltung weiterhin im eigenen Haus.

Insgesamt hinterlässt die Strategie der in dem Artikel genannten US-Banken, bei mir jedenfalls, gemischte Gefühle. Sollte mit dem Geschäftsmodell der Glaube einhergehen, "Aus den Augen aus dem Sinn", bleiben unangenehme Überraschungen - nicht nur für die Banken - nicht aus.

Überhaupt stößt die Industrialisierung in einer Branche, deren Hauptaufgabe nach wie vor die Risikokommunikation ist und deren eigentliches Produkt aus Informationen besteht, schnell an fundamentale Grenzen.

Hebelwirkung der Technologie im Banking (Technology Leverage)

In dem lesenswerten Artikel *Don't leave banking to machines*[237] warnte der ehemalige Executive Director der Reserve Bank of India, V.K. Sharma, vor den Gefahren, die aus einem übertriebenen Vertrauen in die Möglichkeiten der Automatisierung entstehen können.
Dabei übersieht er keinesfalls die großen Vorteile, die der Einsatz neuer Technologien für die Ertragskraft der Banken bringt. Insbesondere für die Reduzierung der, wie er sie nennt, *non-interest cost of intermediation*, sind Technologien die einzig effektiven Mittel. Geschwindigkeit, Effizienz und die Möglichkeit, auch große Datenmengen zu verarbeiten, sind ohne den Einsatz von Technologien nicht denkbar, weshalb Sharma auch von der Hebelwirkung der Technologie, Technology Leverage, spricht.

Jedoch mischen sich in die Beschreibung der Vorzüge auch Zweifel, wenn er auf die Risiken hinweist, die diese Hebelwirkung der Technologie zur Folge haben kann. Als Beispiel führt er die Royal Bank of Scotland an, die 200 Millionen Dollar

---

236 Joel Schectman: US-Banken lagern Kreditverwaltung nach Indien aus, The Wall Street Journal vom 02.06.2013

237 V.K. Sharma: Don't leave banking to machines, The Hindu Business Line vom 24.05.2013

Entschädigung an ihren Kunden für den dreiwöchigen Ausfall des Electronic Banking zahlen musste.
Besonders augenfällig werden die Risiken einer überzogenen Automatisierung am Beispiel des High Frequency Trading, auch Algo-Trading genannt. Als Beispiel nennt er Knight Capital, die 440 Millionen Dollar innerhalb von nur 45 Minuten verloren[238].

Daraus zieht Sharma den Schluss, dass der "Faktor Mensch" auch weiterhin entscheidend ist, will man nicht das Risiko eingehen, dass durch eine Kettenreaktion eine Bank oder gar mehrere binnen weniger Minuten in den Abgrund gerissen werden.

Damit spricht er indirekt auch die erfolgskritische Bedeutung der nicht-funktionalen Anforderungen der IT-Systeme an, die häufig bei aller verständlichen Begeisterung für neue Technologien unter den Tisch fallen oder erst dann auf die Tagesordnung kommen, wenn das Kind beinahe schon in den Brunnen gefallen ist.

Big Data im Risikomanagement nur von begrenztem Nutzen

Dan Borge setzt sich in dem Beitrag *Buzz Word ' lert. Big data no panacea for risk management*[239] kritisch mit dem Nutzen auseinander, den Big Data für das Risikomanagement der Banken liefern kann. Der Artikel steht im Netz leider nicht mehr vollständig zur Verfügung.

Borge sieht eine Gefahr darin, zu großes Vertrauen in die Möglichkeiten von Big Data zu setzen - gerade in den Banken. Denn hier sollte nach den Erfahrungen aus der Finanzkrise die Skepsis gegenüber statistischen Modellrechnungen besonders ausgeprägt sein. Für problematisch hält Borge, dass durch Big Data Korrelationen zwischen Daten überbewertet und als Kausalbeziehung interpretiert werden können, die valide Aussagen über die Zukunft zulassen. Das aber sei ein gefährlicher Irrglaube wie die Vergangenheit zeigt. Dabei greift Borg, der u.a. die RAROC-Methode entwickelt hat, auf seine eigenen Erfahrungen als Credit bzw. Risk Analyst zurück.

Für brauchbar hält Borge Big Data, wenn es darum geht, das Kundenverhalten bestimmten Angeboten gegenüber zu analysieren, wie bei Amazon, Google und Facebook. Fehleinschätzungen haben hier bei weitem nicht so gravierende Konsequenzen wie im Risikomanagement der Banken. Alleine deshalb ist Vorsicht gegenüber den Versprechungen von Big Data im Banking geboten.

Technologierisiken im Banking

Die Finanzkrise liegt noch nicht hinter uns, da taucht schon ein weiteres Schreckensszenario auf. Diesmal geht die Bedrohung von der Technik aus, so

---

238 Whitney Kisling: Knight Capital Reports Net Loss After Software Error, Bloomberg vom 17.10.2012

239 Dan Borge: Buzz Word Alert: Big data no panacea for risk management, ABA Banking Journal vom 08.08.2013

jedenfalls Andrew Freeman in seinem Beitrag für die Financial Times mit dem Titel *Outdated technology could lead to another cisis in banking*[240].

Anlass für den Warnruf sind die massiven Probleme der Royal Bank of Scotland mit ihrem Zahlungsverkehrssystem, das über mehrere Tage nicht zur Verfügung stand; in der Tat eine Horrorvision für jede Bank. Ursache für den Ausfall, der die Bank einige Reputation gekostet hat, war ein Update der Zahlungsverkehrssoftware - kein ungewöhnlicher Vorgang. Was etwas aus dem Rahmen fällt, ist das Timing. So spielte die Bank das Update an einem Werktag und nicht am Wochenende ein.
Laut Aussage der RBS war dies jedoch ein vergleichsweise harmloses Update, wie sie häufiger an Werktagen ausgerollt werden. Anders können die Systeme aufgrund der Vielzahl der Änderungen nicht mehr auf dem neuesten Stand gehalten werden.

Wer mit den Tücken der Softwareentwicklung und der Softwareverteilung nur ein wenig vertraut ist, weiß, dass für Häme kein Platz ist und ist geneigt Wilfried Puschak von der Raiffeisen Informatik zuzustimmen, der auf die massiven Probleme der Bank Austria mit deren Online-Banking-System sagte: *"Ein Wunder, dass nicht viel mehr passiert"*[241]. Die Probleme lösten im Netz z.T. heftige Reaktionen aus[242].

Freeman weist zu Recht auf das enorme operative Risiko in der Bank-IT vieler Häuser hin, die aus einer zerklüfteten IT-Landschaft mit zahlreichen Applikationen und noch mehr Schnittstellen resultieren. Die Nebeneffekte, die selbst ein auf den ersten Blick harmloses Update haben können, sind häufig nicht auszumachen. Daher empfiehlt nicht nur Freeman den Banken dringend ihre IT-Landschaften zu modernisieren bzw. zu homogenisieren. Schlüssel hierfür sind Standardlösungen sowie überhaupt die Anwendung von Industriestandards wie BIAN.
Einige Anbieter von Kernbankenlösungen mit Temenos bieten ihren Kunden inzwischen Integrationsframeworks an, die eine Implementierung erleichtern, wie überhaupt eine wachsende Anzahl von Integrationstechnologien am Markt verfügbar ist.
Das alles sind richtige und wichtige Schritte, keine Frage.

Jedoch birgt der Einsatz neuer Technologien, die die Alt-Systeme ablösen, wiederum hohe Risiken, wie u.a. am Beispiel des Algo-Trading deutlich wird. Nicht umsonst weist V.K Sharma auf den *Technology Leverage* hin. Auch die von einigen propagierte weitere *Mathematisierung des Banking*[243] wird die Technologierisiken im Banking gewiss nicht verkleinern.
Auch bei den Mobile Payments lauert laut der Analysten von Riskskill gar ein ganzer Cocktail technologischer Risiken[244].

---

240 Andrew Freeman: Outdated Technology could lead to another crisis in banking, Financial Times vom 15.07.2013

241 Stefan Meisterle: „Ein Wunder, dass nicht viel mehr passiert", Wiener Zeitung vom 29.11.2012

242 Weiter massive Probleme beim E-Banking der Bank Austria (Update), telekom-presse.at vom 24.06.2013

243 Olaf Klein: „Die Mathematisierung im Banking geht weiter", finews.ch vom 19.07.2013

244 Riskskill Warns That Mobile Payments Sector Could Face A ‚'Cocktail' Of Risks, realwire.com vom 11.07.2013

So viel scheint sicher: Je mehr das Banking auf Hochtechnologien zurückgreift, um so mehr gilt für die Branche, was der Systemtheoretiker Niklas Luhmann allgemein über die Risiken der Hochtechnologie geschrieben hat:

Der Versuch, sich gegen Risiken der Technik durch Technik zu schützen, stößt offenbar an Schranken. ... [245]

Feste Kopplungen, d.h. Systeme die ohne manuelle Eingriffe des Menschen oder Sperren/Kontrollverfahren automatisch funktionieren, bergen die Gefahr, dass, wenn ein Fehler auftritt, dieser Kettenreaktionen zur Folge, die mittels Technik nicht mehr zu steuern zu sind. Fehler begehen beide: Mensch und Technik, weshalb ein gewisses Maß an Redundanz, ein gewisser Puffer für die Stabilität von Systemen unabdingbar ist.

Risikomanagement der Banken: Das Spiel mit dem Feuer

Frank Romeike und Andreas Eicher finden mit Blick auf die aktuellen Entwicklungen im Risikomanagement einiger großer Banken in ihrem Beitrag *Bankmanager 1.0 - Der desaströse Weg des Risikomanagements*[246] deutliche Worte. Die Finanzkrise hat in der Branche zu keinem Umdenken geführt. Nach wie vor gilt, dass die Renditemaximierung den Vorrang hat und die Risiken unterbewertet werden. Die internen Verfahren und Prozesse, nicht zuletzt die Anreizsysteme, spiegeln diese Haltung wider. Es scheint die nicht ganz ungerechtfertigte Auffassung zu herrschen, dass im erneuten Krisenfall die Regierungen einspringen, d.h. die Banken erneut retten werden - jedoch mit desaströsen Folgen für die Gesellschaft und die Akzeptanz/Reputation der Banken.

Mittlerweile macht sich selbst in Kreisen, die bisher nicht mit einer ausprägt kritischen Haltung gegenüber den Banken aufgefallen sind, wie z.B. in der Wirtschaftsredaktion der FAZ, Empörung breit[247].

In der Tat: Die Banken spielen mit dem Feuer. Irgendwie erinnert die Haltung der Branche an die des *' ncien Regime* in Frankreich am Vorabend der Revolution, wie es u.a. der Herzog von Croy in seinen Geheimen Tagebüchern beschrieben hat.[248] Der Tanz auf dem Vulkan solange die Musik spielt.

Wie auch immer. Die Banken können für ihre Rolle in der Wirtschaft das Argument anführen, für die Risikotransformation unverzichtbar zu sein. Inzwischen sind sie jedoch nicht nur mehr Intermediäre, wie es die herkömmlichen ökonomischen Theorien nach wie vor vermitteln, sondern selber Akteure, die über die Kreditschöpfung aktiv in das Wirtschaftsgeschehen eingreifen. Nicht umsonst sind

---

245 Niklas Luhmann: Soziologie des Risikos, 2003

246 Andreas Eicher, Frank Romeike: Bankmanager 1.0. Der desaströse Weg des Risikomanagements, Risk Net vom 07.02.2014

247 Rainer Hank, Winand von Petersdorff: Wie wir lernten die Banken zu hassen, FAZ vom 22.12.2013

248 Emanuel Herzog von Croy: Nie war es herrlicher zu leben. Das geheime Tagebuch des Herzogs von Croy 1718-1784, 2011

viele Banken inzwischen "systemrelevant". Damit einher geht eine besondere Verantwortung für das Ganze.
Sollten die Banken erneut versagen und die Ursache dafür in einem unzureichenden Risikomanagement liegen, dann wird gesellschaftliche Akzeptanz der Banken einen neuen Tiefpunkt erreichen. Der Kredit dürfte dann verbraucht sein. Als Folge davon wird sich das Gesicht der Branche deutlich wandeln.

Das ist die eigentliche Bedrohung für die Banken. Dagegen erscheinen die Probleme mit den neuen Mitbewerbern, den sog. Non-Banks wie auch mit den technologischen Herausforderungen geradezu trivial.

Man kann nur hoffen, dass die Verantwortlichen sich der enormen Risiken bewusst sind. Anderenfalls könnte sich die Meinung etablieren, dass, wie Romeike und Eicher schreiben, das Geschäftsmodell vieler Banken auf dem Moral Hazard basiert, d.h. *Gewinne werden privatisiert, Verluste sozialisiert*.

Digitalisierung treibt die Bank-IT an ihre Leistungsgrenzen

In Großbritannien wird als Folge gehäuft auftretender Systemausfälle bei einigen Banken die Frage diskutiert, ob die IT-Systeme den Anforderungen der zunehmenden Digitalisierung im Banking auf Dauer noch standhalten können. Als Hauptursache für die Probleme werden vornehmlich die veralteten Kernbankensysteme (Legacy) genannt.

So sind in Großbritannien, mehr noch als auf dem "Kontinent", Investitionen in neue Kernbankensysteme in vielen Banken unterlieben. Stattdessen wurde versucht, mit immer neuen Insellösungen die aktuellen Anforderungen, seien sie regulatorischer oder geschäftspolitischer Art, abzudecken. Eine Strategie, die angesichts der zunehmenden Verbreitung von Mobile Banking und der Transaktionsverarbeitung in Real -bzw. Near-Real-Time immer häufiger an ihre Grenzen stösst. Die Komplexität, die im Laufe der Jahre in den IT-Systemen durch die ständigen Umbauarbeiten entstanden ist, wird zu einem ernsten Technologierisiko bzw. zum *Technology Leverage*. Da die Seiteneffekte kaum noch abgeschätzt werden können, ist die Einspielung neuer Software-Versionen inzwischen ein riskantes Unternehmen. Einen guten Einblick in das Dilemma gibt der Beitrag im Guardian *Why do bank IT systems keep failing?*[249]

Neben der Tatsache, dass viele Kernbankensysteme in Großbritannien noch immer im Batch-Processing arbeiten, kommt erschwerend hinzu, dass die Systeme in unterschiedlichen Programmiersprachen geschrieben wurden.

Ein ganzes Bündel von Problemen. Durch die Instandhaltungsmaßnahmen, die fast das gesamte IT-Budget beanspruchen, sind vielen Banken die Hände gebunden, um mit der technologischen und fachlichen Entwicklung im Banking Schritt halten zu können. Als Tanker sind sie den vielen kleinen Schnellbooten, wie den FinTech-Startups, was die Manövrierfähigkeit anbelangt, deutlich unterlegen. Die Strategie

---

[249] Hilary Osborne: Why do bank IT systems keep failing? the guardian vom 27.01.2014

der kleinen Schritte scheint nicht mehr aufzugehen. An den großen Wurf traut man sich, aus verständlichen Gründen, jedoch nur ungern.

Ein Dilemma - nicht nur für britische Banken.

Strategische Frühaufklärung im Banking

Angesichts der vielfältigen Bedrohungen, denen das Geschäftsmodell der klassischen Banken derzeit ausgesetzt ist, ist der Bedarf nach dem, was als Strategische Frühaufklärung bekannt ist, größer denn je.

Es gibt derzeit wohl nur wenige Branchen, auf die diese Charakterisierung so zutrifft wie auf das Banking.

Externe Faktoren wie regulatorische Bestimmungen (Basel III), zunehmender Konkurrenzdruck durch die etablierten Anbieter, neue technologische Entwicklungen (Mobile Banking, Mobile Payments, Social Media), neue Anbieter (PayPal,Fidor, Smava, P2P Lending, mBank, Hello Bank!) ebenso wie die veränderten Ansprüche der Kundengruppen (Wertewandel, Co-Creation) erzeugen eine ausgesprochen hohe Komplexität und damit eine neue Unübersichtlichkeit.

Auch an Dynamik mangelt es nicht: Die Häufigkeit der Änderungen in der Umwelt, genannt seien die Turbulenzen auf den Finanzmärkten, die Diskussionen über neue oder bereits in der Planung befindliche regulatorische Bestimmungen, eine kritische Öffentlichkeit, neue technologische Anforderungen (Cloud-Computing, Algo-Trading, Sicherheitsfragen) und die nicht abreißenden Spekulationen über den Markteintritt potenter Unternehmen wie Google oder Apple, erzeugen eine Dynamik , wie sie kaum anderswo anzutreffen ist. Von Kontinuität jedenfalls keine Spur.

Hilfe verspricht eine Methodik, deren Anfänge bis in 60er Jahre des vergangenen Jahrhunderts zurückreichen, und die sich *Strategische Frühaufklärung* nennt.

Einer der geistigen Väter dieses Verfahrens ist Igor Ansoff, der für viele auch als Begründer des Strategischen Managements gilt und der obendrein Urheber der Theorie der "Weak Signals" ist[250].

In der Literatur wird zuweilen zwischen *Strategischer Umfeldbeobachtung* und *Zukunftsantizipation* auf der einen und dem *Strategic Foresight* auf der anderen Seite unterschieden.

Während sich die beiden erstgenannten auf die Analyse und Beobachtung unternehmensexterner Ereignisse konzentrieren, greift das Konzept des Strategic Foresight laut Adrian Müller darüber hinaus, indem es "auch partizipative Prozesse szenarienbasierter Wissensgenerierung und normativer Visionsbildung in Unternehmen" berücksichtigt[251]. Das umfasst die Sicht von Innen nach Außen wie

[250] H. Igor Ansoff: Competitive Strategy Analysis Through Using Computer Software, ansoff.com

[251] Adrian W. Müller: Strategic Foresight - Prozesse strategischer Trend- und Zukunftsforschung in Unternehmen, Dissertation, 2009

auch umgekehrt. Überhaupt beansprucht das Konzept des Strategic Foresight für sich, Orientierungswissen im Unternehmen zu erzeugen.

Die Geschäftsmodelle der klassischen Banken geraten von vielen Seiten unter Druck. Mit den bisherigen Methoden strategischen Denkens, die häufig noch immer auf die Frage Kostenführerschaft oder Differenzierung hinauslaufen, lässt sich die Unübersichtlichkeit nicht mehr kontrollieren, so es je der Fall war. Darauf wies schon vor über zehn Jahren Don Tapscott hin[252]. Benötigt werden Verfahren wie die Strategische Frühaufklärung und das Strategic Foresight.

Die Zukunft lässt sich auch damit gewiss nicht vorhersagen. Auch besteht die Gefahr, die Vergangenheit in die Zukunft zu verlängern. Jedoch führt kein Weg an einer intensiveren Beschäftigung mit der Zukunft vorbei, als das derzeit in den Banken noch der Fall ist. Der Kuchen wird so oder so kleiner. Die Frage ist, wie die etablierten Banken, d.h. in erster Linie Sparkassen, Volksbanken, Privat- und Geschäftsbanken, ihre Geschäftsmodelle rechtzeitig an die geänderten Umweltbedingungen anpassen. Hierfür bedarf das System wie Niklas Luhmann sagen würde der (ständigen) Irritation, um sich vor Erstarrung zu schützen.

252 Don Tapscott: Rethink Strategy in a Networked World (or Why Michael Porter is Wrong about the Internet, strategy + business 01.07.2001

Bankhistorisches

Banking nach Art der Templer

Das Schicksal der Templer fasziniert Historiker wie Filmautoren gleichermaßen. Ihrem rasanten Aufstieg folgte ein abruptes Ende. Ursache dafür war weniger Häresie, als vielmehr ihr wirtschaftlicher Erfolg, der bei den weltlichen Herrschern Begehrlichkeiten weckte.
Wenig bekannt ist, dass die Templer im 12. und 13. Jahrhundert den Grundstein für das Bankwesen gelegt haben[253], und dabei Prinzipien einführten, die nach wie vor gültig sind. Diese "goldenen Regeln" kann nach Ansicht von Catherine Palmieri auch das New Banking nicht ignorieren, wie sie in ihrem lesenswerten Beitrag *To an ' nalog Banker in a Digital World*[254] schreibt.

Die Templer verfügten bereits über ein ausgedehntes Netz an Korrespondenzpartnern und Niederlassungen, das sich von England bis nach Jerusalem erstreckte. Zu ihren Kunden zählten zunächst die Pilger, die sich nach der Zeit der Kreuzzüge auf den Weg in das heilige Land begaben und dabei ihr Geld vor Räubern und Dieben sicher verwahrt sehen wollten. Um das Geld nicht bei sich tragen zu müssen, hinterlegten sie ihre Barschaft bei einer Niederlassung der Templer in ihrer Heimat, z.B. in London. Neben einer Quittung bekamen sie ein geheimes Passwort, mit dem sie bei jeder anderen Niederlassung der Templer, z.B. in Jerusalem, ihr Geld abheben konnten. Der außergewöhnliche "Service" der Templer sprach sich herum, was dazu führte, dass auch die Königs- und Fürstenhäuser Europas die Dienste des Ordens bei der Abwicklung ihrer Finanzgeschäfte in Anspruch nahmen.

Damit sprachen die Templer die wesentlichen Prinzipien des Bankgeschäfts an, an denen sich bis heute - allen technologischen Entwicklungen zum Trotz - nichts wesentlich geändert hat.

Pasion, Phormion und die Anfänge des modernen Bankwesens

In seinem lesenswerten Buch *Wirtschaftsgeschichte der ' ntike*[255] erwähnt Michael Sommer den, wie wir heute sagen würden, Bankier Pasion, der bereits im 4. Jhd. v. Chr. in Athen Bankgeschäfte tätigte. Sein direkter Nachfolger war Phormion.

Der Begriff "Bank" im Zusammenhang mit der Abwicklung von Geldgeschäften taucht zuerst im Mittelalter in Italien auf, wie der sehenswerte Film *Die Welt von oben und als "' pfel". Die Geschichte des Kartographen Heinrich Schuder*[256] zeigt. Da hier die

---

[253] Helmar Dumbs: Die Templer: Gottes geheimnisumrankte Bankiers, Die Presse.com vom 13.11.2007

[254] Catherine Palmieri: To an Analog Banker in a Digital World, strategy + business vom 27.08.2013

[255] Michael Sommer: Wirtschaftsgeschichte der Antike, 2013

[256] Die Welt von oben und als "Apfel". Die Geschichte des Kartographen Heinrich Schuder, Terra X, ZDF, Sendung vom 25.01.2010 aus der Serie: Europa im Mittelalter: Von Städten und Kathedralen

Geschäfte nicht nur in bar, sondern auch über Kontobuchungen unbar abgewickelt wurden, spricht man seitdem vom Giraldgeldverkehr. In Venedig wurde 1619 die erste staatliche Girobank der Welt gegründet, die Banco del Giro.

Der Film nennt als einen der Pioniere des modernen Bankwesens den toskanischen Bankier und Fernhändler Franscesco Datini. Datini wusste die Doppelte Buchführung, die von Luca Pacioli im Jahr 1494 formuliert wurde, ebenso für sich zu nutzen wie den Wechsel.

Nicht wenige halten die Templer für die ersten modernen Bankiers.

Das Bankgeschäft war schon immer riskant, vor allem dann, wenn man es auf eigene Rechnung betrieb. Diese schmerzhafte Erfahrung mussten u.a bereits die Bardi machen. Ihr glanzvolles Bankhaus *Compagnia dei Bardi* musste im Jahr 1346 Bankrott anmelden, als der englische König sich kurzerhand weigerte, seine Schulden zu bezahlen. Die schlechte Zahlungsmoral des englischen Königs führte auch dazu, dass die als Bankiers ebenfalls sehr angesehenen Peruzzi im Jahr 1343 Konkurs anmelden mussten.

Nicht viel besser erging es dem *' rgentier des Königs,* Jacques Coeur, nachdem er beim französischen König in Ungnade fiel. Etwas glimpflicher kam dagegen Jacques Necker davon.

Der eigentliche Aufstieg des modernen Bankwesens begann mit der Industrialisierung. Bekannte Bankiers aus dieser Zeit sind Gerson Bleichröder, Carl Fürstenberg, David Hansemann und Georg von Siemens.

Der Bankier Francesco Datini, oder: Zeitlos gültige Ratschläge aus dem Mittelalter

Schon im Mittelalter gingen Bankiers existenzgefährdende Risiken ein, wenn sie der "öffentlichen Hand", wie Königshäusern, Kirchenfürsten und Stadtrepubliken, im Vertrauen auf deren Bonität großzügige Kredite einräumten. Einstmals stolze Bankhäuser wie die Bardis oder Peruzzi mussten ihre Tore schließen, als der englische König geruhte mitzuteilen, seine Schulden nicht zu begleichen - Punkt.
Ein ähnliches Schicksal wie das der Bardis und Peruzzi ereilte den Hansekaufmann Tidemann Lemberg.

Im Gegensatz dazu verfolgte der toskanische Kaufmann und Bankier Francesco Datini eine weitaus konservativere Geschäfts- und Risikopolitik, wie Iris Origo in ihrem lesenswerten Buch *Im Namen Gottes und des Geschäfts. Lebensbild eines toskanischen Kaufmanns der Frührenaissance*[257] schreibt. So ließ er sich nicht auf Geschäfte mit Fürsten und Staaten ein. Geschäfte, die er nicht verstand, mied er.

---

257 Iris Origo: „Im Namen Gottes und des Geschäfts“ Lebensbild eines toskanischen Kaufmanns der Frührenaissance, 2009

Noch heute folgen inhabergeführte Privatbanken diesem Prinzip. Ähnlich wie Datini investiert auch die Investoren-Legende Warren Buffett nach eigener Aussage nur in Unternehmen, deren Geschäftsmodell und Produkte er versteht.

"Der Bankier des Königs. Jacques Necker - Finanzminister am Vorabend der Revolution" von Wolfgang Oppenheimer

Wolfgang Oppenheimer setzt mit seinem Buch *Der Bankier des Königs*[258] einer Person ein Denkmal, die zu Unrecht den meisten Menschen heute unbekannt ist. Dabei handelte es sich bei Jacques Necker um eine der Schlüsselfiguren während der letzten Jahre des *' ncien Regime* unter Ludwig XVI.

Gebürtig aus der Stadt Genf und obendrein Protestant, griff der Hof um Ludwig den XVI nur ungern auf die Dienste des ausgewiesenen Finanzmannes Jacques Necker zurück. Dieser genoss in der Bankenbranche Europas als Inhaber eines erfolgreichen Bankhauses bereits einen exzellenten Ruf - insbesondere in England, dessen Finanzwesen und politischem System er sich besonders zugetan fühlte, was seine Stellung am französischen Hof erschwerte.
Dennoch war Necker ein Patriot, ein Franzose aus Überzeugung. Ohne sein Finanzgenie und diplomatisches Geschick wäre das Ancien Regime gewiss schon früher zusammengebrochen. Abgesehen davon war Necker ein brillanter Schriftsteller. Ein Talent, das seine deutlich berühmtere Tochter, *Madame de Stael,* von ihm geerbt hat.
Seine Schrift über die Finanzverwaltung des Staates war zum Zeitpunkt ihres Entstehens einzigartig. Ebenso ungewöhnlich war, dass Necker die Finanzlage des französischen Staates in einem Rechenschaftsbericht der Öffentlichkeit zugänglich machte, zu einem Zeitpunkt, als Transparenz in Angelegenheiten der Regierung, noch dazu in einem absolutistischen Staat, ein Fremd- bzw. Unwort war.

Die 100.000 kostenlosen Exemplare fanden in der französischen Bevölkerung reißenden Absatz, was für den damaligen Bildungsstand und die Einwohnerzahl sehr beachtlich ist. Auch die Enzyklopädisten um Diderot und D' Alembert waren in ihrem Lob fast schon überschwenglich.

Neben der Finanzpolitik waren Necker und seiner Frau, die in Paris einen beliebten Salon führte, die Sozialpolitik ein großes Anliegen, von denen die Bettler, Kranken und Findelkinder profitierten. Darüber hinaus reformierten die Neckers die damalige Krankenversorgung von Grund auf.

Das Beispiel zeigt, dass Bankiers durchaus ein soziales Gewissen haben können, ohne damit in Konflikt mit ihren geschäftlichen Interessen zu geraten. In den letzten Jahrzehnten haben diese Tradition vor allem Alfred Herrhausen, F. - Wilhelm Christians und Jürgen Ponto fortgesetzt. Davor waren es Max und Siegmund Warburg.

---

258 Wolfgang Oppenheimer: Der Bankiers des Königs. Jacques Necker - Finanzminister am Vorabend der Revolution, 2006

Jacques Coeur - Argentier des Königs

Der französische Kaufmann *Jacques Coeur* zählt zweifellos zu den schillerndsten und interessantesten Persönlichkeiten des Mittelalters, wovon man sich in dem Buch *Der königliche Kaufmann Jacques Coeur oder der Geist des Unternehmertums*[259] von Michel Mollat überzeugen kann.

Der Argentier des französischen Königs hatte im Mittalter die Funktion eines Schatzmeisters. Seine Hauptaufgabe war es, den königlichen Hof mit den nötigen finanziellen Mitteln und (Luxus-) Gütern zu versorgen. In gewisser Weise war der Argentier Hoflieferant und Hofbankier in einer Person.
Um seine Aufgaben erfüllen zu können, erhielt der Argentier Zahlungsanweisungen auf die Einnahmen der Staatskasse.

Schon nach kurzer Zeit standen der Hof- und Hochadel beim Argentier in der Kreide. Mollat berichtet davon, dass 70% seiner Forderungen gegenüber den Vertretern der höfischen Gesellschaft bestanden. Das war die Achillesverse des Amtes, da die Forderungen gegenüber den Spitzen des Hofes nur schwer eingetrieben werden konnten. Zu heikel waren die Verstrickungen und Intrigen am Hofe, als dass es sich der Argentier erlauben konnte, einen der Günstlinge am Hofe zur Zahlung zu zwingen.

Trotz seiner außergewöhnlichen Fähigkeiten, konnte Coeur nicht verhindern, dass sein Stern zu sinken begann, als sich die Umstände veränderten.
Mit neidvollen Blicken beobachteten die Günstlinge des Königs den rasanten Aufstieg von Jacques Coeur. Sein Reichtum wie auch seine Machtposition machten ihn zunehmend angreifbar. Schon kleine Taktlosigkeiten reichten aus, um am Hofe bevorzugtes Ziel der Intrigen zu werden.

Ein weiterer, profanerer Grund für die wachsende Missgunst, die Coeur am Hofe entgegen schlug, war gewiss auch, dass man sich seines Gläubigers und damit seiner Schulden entledigen wollte.

Dem steilen Aufstieg folgte der tiefe Fall.

Dieses Schicksal teilte Coeur mit seinen italienischen Kollegen. Nicht wenige waren für einige Zeit bei Königen und Fürsten als Financier wohl gelitten; sobald sie aber zu unabhängig wurden und ihre Stellung zu demonstrativ zur Schau stellten, machte man ihnen auf die eine oder andere Art deutlich, dass ihre Macht einzig und allein von der Gnade und den Launen des Herrschers abhängig war. Einer der wenigen, der dieser Gefahr bewusst aus dem Weg ging, war Francesco Datini.

---

[259] Michel Mollat: Der königliche Kaufmann Jacques Coeur oder über den Geist des Unternehmertums, 1991

Die elektronischen Banker: Aufstieg und Ausbreitung der Geldautomaten

In seinem Buch *Innovators*[260] schildert John Diebold, der auch als erster IT-Unternehmensberater bezeichnet wird, von einschneidenden Innovationen aus den unterschiedlichsten Bereichen - von der Geburt des Transistors über die Entstehung von Federal Express und der Lasertechnik bis hin zum ersten Geldautomaten.

Letzterer ist Gegenstand des Kapitels *Der elektronische Banker: ' ufstieg und ' usbreitung der Geldautomaten*.

Das Kapitel ist auch deshalb lehrreich, weil es deutliche Parallelen zu aktuellen Entwicklungen enthält, insbesondere mit Blick auf die Themen Mobile Payments und Mobile Banking.

Bevor der Geldautomat seinen Siegeszug antreten konnte, mussten einige Hürden überwunden werden; darunter natürlich auch das Thema Sicherheit. Diebold beschreibt die Geburtswehen, die dem Einsatz des Geldautomaten vorausgingen. Geburtshelfer waren der Technologiehersteller REI mit seinem Tochterunternehmen Docutel und die Chemical Bank in New York.

Mit kleinen, wohl überlegten Schritten wagten sich der "Early Adopter" Chemical Bank und Docutel an die verheißungsvolle Neuerung heran.

Die ersten Erfolge der Chemical Bank mit der neuartigen Technologie blieben in der Branche natürlich nicht unbemerkt. Sehr aufmerksam verfolgten die Entwicklung CEO Walter Wriston und sein Vize John Reed von der Citibank. Reed erkannte das Potenzial für das Verbrauchergeschäft wohl als Erster. Schon bald nahm die Citibank mit dem >customer activated terminal< (CAT) ihr eigenes Projekt in Angriff.

In der Branche überwog hingegen die Skepsis.

Die Zweifler wurden im Laufe der Jahre eines Besseren belehrt. Da rollte mit dem POS schon die nächste Technologie-Welle heran. Zum damaligen Zeitpunkt, das Buch erschien 1990, war das mit den neuen Technologien verbundene Potenzial für das Bankgeschäft noch längst nicht allen Verantwortlichen in den Banken klar. Auch das sollte sich bald ändern.

Denkt man nun an die Diskussion um die Vor- und Nachteile von Mobile Payments, Mobile Banking, NFC-Bezahldiensten P2P Lending usw., dann lassen sich die Parallelen unschwer erkennen. Neu hinzugekommen ist die ernstzunehmende Bedrohung durch neue Anbieter, die in den Feldern Technologieanwendung, Informationsverarbeitung, Marketing wie auch Finanzkraft den Banken in nichts nachstehen.
Vor allem die regulatorischen Hürden, die konservative Mentalität der Kunden, was das Bankgeschäft angeht, und das Vertrauen, das die Banken nach wie vor als Risikohändler in der Öffentlichkeit genießen (wenn auch dezimiert), stehen dem flächendeckenden Erfolg der potenziellen Herausforderer (noch) im Weg.

---

[260] John Diebold: Innovators, 1991

Printed by Books on Demand GmbH, Norderstedt / Germany